# MONNAIES

DE

# L'EMPIRE ROMAIN

# MONNAIES

DE

# L'EMPIRE ROMAIN

PROVENANT D'UNE VIEILLE ET CÉLÈBRE COLLECTION

(2e VENTE)

---

**VENTE AUX ENCHÈRES PUBLIQUES**

A PARIS, HÔTEL DES COMMISSAIRES-PRISEURS, RUE DROUOT, 9

SALLE N° 9, AU PREMIER ÉTAGE

**Les Mardi 16, Mercredi 17 et Jeudi 18 Décembre 1913**

A DEUX HEURES PRÉCISES

---

**EXPOSITION PUBLIQUE UNE HEURE AVANT LA VENTE**

---

| COMMISSAIRE-PRISEUR : | EXPERT : |
|---|---|
| Me EMILE BOUDIN | M. ETIENNE BOURGEY |
| *14, Rue de la Grange-Batelière* | *7, Rue Drouot, 7* |

**PARIS**

ADRESSE TÉLÉGR. ÉTIENBOURG-PARIS

Exposition particulière :

Les 8, 9, 10, 11, 12, 13 et 15 Décembre 1913, chez M. Etienne BOURGEY, expert, 7, rue Drouot. (Téléphone 274-64).

Exposition publique :

Les Mardi 16, Mercredi 17 et Jeudi 18 Décembre 1913, Hôtel des Ventes, Salle 9, une heure avant la vente.

La vente aura lieu au comptant.

Les acquéreurs paieront dix pour cent en sus des enchères.

L'authenticité des pièces est garantie.

M. Etienne BOURGEY, 7, rue Drouot, se charge d'exécuter les commissions qui lui seront confiées.

L'ordre du catalogue sera suivi ou non. L'expert se réserve le droit de diviser ou réunir les lots.

# MONNAIES

DE

# L'EMPIRE ROMAIN [1]

## Auguste

1 S. P. Q. R. IMP. CAESARI. AVG. COS. XI. TR. POT. VI. Sa tête nue à dr. ℞. CIVIB. ET. SIGN. MILIT. A. PART. RECVP. Arc de triomphe surmonté d'un quadrige entre 2 Parthes (82). Or. Très beau et très rare. *Pl. I.*

2 CAESAR AVGVSTVS. Même tête. ℞. IMP. Autel sur lequel on lit LVDI. SAECVL. entre 2 figures dont l'une tient un caducée. Or. Belle. Inédite Comparez Coh. 112 et 188. *Pl. I.*

3 AVGVSTVS. DIVI. F. Même tête. ℞. IMP. X. Taureau cornupète à g. (140). Or. Superbe pièce à fleur de coin. *Pl. I.*

4 Même droit. ℞. IMP. XII. ACT. Apollon Actien debout à g. (166). Or. TB. *Pl. I.*

5 CAESAR. AVGVSTVS. DIVI. F. PATER. PATRIAE. Sa tête laurée à dr. ℞. PONTIF. MAXIM. Livie assise à dr., tenant un sceptre et des épis (222). Or. Extrêmement beau. *Pl. I.*

6 Même droit. ℞. TI. CAESAR. AVG. F. TR. POT. XV. Tibère dans un quadrige au pas à dr., tenant une branche de laurier et un sceptre (299). Or. Très belle et rare. *Pl. I.*

---

(1) Les numéros entre parenthèses sont ceux de l'ouvrage de H. Cohen. *Description historique des monnaies frappées sous l'Empire romain.* 2me édition.

7 AVGVSTVS. DIVI. F. Même tête. ℞. TR. POT. XXVIIII. Victoire stéphanéphore assise à dr. sur un globe (316). Quinaire. Or. Belle et rare. *Pl. I.*

8 S. P. Q. R. CAESARI. AVGVSTO. Sa tête nue à dr. ℞. VOT. P. SVSC. PRO. SAL. ET. RED. I. O. M. SAC. Mars casqué nu, debout et regardant à g., tenant un étendard et un parazonium (320 var.). Or. TB. *Pl. I.*

9 Sans lég. Sa tête nue à dr. ℞. ARMENIA. CAPTA. Tiare, 2 carquois et arc (12). Arg. TB. *Pl. I.*

10 Sans lég. Sa tête laurée à dr. ℞. AVGVSTVS. Capricorne à dr. tenant un gouvernail et un globe ; sur son dos, une corne d'abondance (21). Arg. TB. *Pl. I.*

11 CAESAR. Sa tête nue à dr. ℞. AVGVSTVS. Vache à dr. (28). Arg. TB. *Pl. I.*

12 IMP. CAESAR. Sa tête nue à dr. avec le lituus. ℞. AVGVSTVS. Sphinx accroupi à dr. (31). Médaillon. Arg. Très belle pièce, extrêmement rare. *Pl. XXIII.*

13 Même lég. et tête sans le lituus. ℞. AVGVSTVS. Autel enguirlandé, orné de 2 cerfs (33). Médaillon. Arg. Très beau. *Pl. XXIII.*

14 CAESAR. AVGVSTVS. DIVI. F. PATER. PATRIAE. Sa tête laurée à dr. ℞. C. L. CAESARES. AVGVSTI. F. COS. DESIG. PRINC. IVVENT. Caïus et Lucius debout (43). Arg. Très beau.

15 Sans lég. Sa tête laurée à dr. ℞. CAESAR. AVGVSTVS. S. P. Q. R. Bouclier votif entre deux lauriers (51). Arg. TB.

16 AVGVSTVS. DIVI. F. Sa tête nue à dr. ℞. IMP. X. Deux soldats présentant des lauriers à Auguste assis à g. sur une estrade (133). Arg. TB.

17 CAESAR. AVGVSTVS. Même tête. ℞. IOV. TON. Jupiter debout à g. dans un temple hexastyle (179). Arg. FDC. *Pl. I.*

18 Sans lég. Même tête. ℞. IOVI. VOT. SVSC. PRO. SAL. CAES. AVG. S. P. Q. R. dans une couronne de chêne (183). Arg. Très beau. *Pl. I.*

19 S. P. Q. R. CAESARI. AVGVSTO. Même tête. ℞. QVOD. VIAE. MVN. SVNT. Arc de triomphe sur un pont ; au-dessus, Auguste couronné par la Victoire dans un quadrige à dr. (233). Arg. FDC. *Pl. I.*

20 CAESARI. AVGVSTO. Sa tête laurée à g. ℞. S. P. Q. R. Temple tétrastyle rond ; au milieu, une aigle et un petit quadrige sur un char (282). Arg. FDC. *Pl. I.*

21 Même lég. Sa tête nue à dr. ℞. S. P. Q. R. CL. V. sur un bouclier (294). Arg. FDC. *Pl. I.*

22 IMP. IX. TR. PO. V. Même tête. ℞. S. P. Q. R. SIGNIS. RECEPTIS. sous un arc de triomphe surmonté d'un quadrige; sur le fronton : IMP. IX. TR. PO. V. (298). Médaillon. Arg. B. Rare.

23 DIVVS. AVGVSTVS. S. C. Sa tête radiée à g. ℞. CONSENSV. SENAT. ET. EQ. ORDIN. P. Q. R. Auguste assis à g. (87). MB. TB. *Pl. XXI.*

24 DIVVS. AVGVSTVS. PATER. Même tête. ℞. PROVIDENT. S. C. Autel (228). MB. TB.

25 Même lég. Auguste radié, tenant un laurier et un sceptre, assis à g. devant un autel. ℞. TI. CAESAR. DIVI. AVG. F. AVGVST. P. M. TR. POT. XXIIII. autour de **S. C.** (309). GB. TB. *Pl. XIII.*

26 *Restitution de Nerva.* DIVVS. AVGVSTVS. Sa tête laurée à dr. ℞. IMP. NERVA. CAESAR. AVGVSTVS. REST. autour de **S. C.** (570). Très belle et rare.

## Livie

27 PIETAS. Son buste voilé et diadémé à dr. ℞. DRVSVS. CAESAR. TI. AVG. F. TR. POT. ITER. autour de **S. C.** (2). MB. Très belle. *Pl. XXI.*

28 IVSTITIA. Son buste diadémé à dr. ℞. TI. CAESAR. DIVI. AVG. F. AVG. P. M. TR. POT. XXIIII. autour de **S. C.** (4). MB. TB. *Pl. XXI.*

29 SALVS. AVGVSTA. Son buste à dr. en cheveux. ℞. Le précédent (5). MB. Très beau. *Pl. XXI.*

30 S. P. Q. R. IVLIAE. AVGVST. Carpentum avec deux mules à dr. ℞. TI. CAESAR. DIVI. F. AVGVST. P. M. TR. POT. XXIIII. autour de **S. C.** (6). GB. Très beau.

31 *Restitution de Titus.* IVSTITIA. Son buste diadémé à dr. ℞. IMP. T. CAES. DIVI. VESP. F. AVG. P. M. En 2e lég. : TR. P. P. P. COS. VIII. RESTITV. autour de **S. C.** (10). MB. TB. *Pl. XXI.*

## Agrippa

32 M. AGRIPPA. L. F. COS. III. Sa tête à g. avec la couronne rostrale ℞. S. C. Neptune debout à g. (3). MB. TB.

## Caïus César

33 CAESAR. Tête jeune nue à dr. dans une couronne de chêne. ℞. AVGVST. Candélabre dans une couronne composée de fleurs, de bucrânes et de patères (2). Arg. TB. Rare. *Pl. I.*

## Tibère

34 TI. CAESAR. DIVI. AVG. F. AVGVSTVS. Sa tête laurée à dr. ℞. PONTIF. MAXIM. Livie assise à dr., tenant un sceptre et un rameau (15). Or. Très beau. *Pl. I.*

35 — La même médaille (16). Arg. Très belle.

36 Même droit. ℞. TR. POT. XVII. IMP. VII. Tibère dans un quadrige au pas à dr., tenant un sceptre et un rameau (47). Or. TB. *Pl. I.*

37 TI. DIVI. F. AVGVSTVS. Même tête. ℞. TR. POT. XXXIIII. Victoire tenant un diadème, assise à dr. sur un globe (60). Quinaire. Or. Très beau. Rare. *Pl. I.*

38 TI. CAESAR. DIVI. AVG. F. AVGVST. IMP. VIII. Sa tête laurée à g. ℞. MODERATIONI. S. C. Buste de face sur un bouclier dans une couronne de laurier (5). MB. B. *Pl. XXI.*

39 Même droit. ℞. PONTIF. MAXIM. TRIBVN. POTEST. XXXVII. S. C. Caducée ailé (22). MB. B.

40 TI. CAESAR. AVGVSTI. F. IMPERATOR. VII. Sa tête laurée à dr. ℞. ROM. ET. AVG. Autel entre deux colonnes nicéphores. Lyon (35). GB. Très beau. Très rare. *Pl. XIII.*

## Tibère et Auguste

41 TI. CAESAR. DIVI, AVG. F. AVGVSTVS. Tête laurée à dr. ℞. DIVOS. AVGVST. DIVI. F. Tête laurée à dr.; dessus, un astre (3). Or. Fleur de coin. Brillante. Rare. *Pl. I.*

## Drusus

42 Têtes en regard de Tibère et de Germanicus, fils de Drusus, sur 2 cornes d'abondance; au milieu un caducée. ℞. DRVSVS. CAESAR. TI. AVG. F. DIVI. AVG. N. PONT. TR. POT. II. autour de **S. C** (1). GB. TB. *Pl. XIII.*

43 DRVSVS. CAESAR. TI. AVG. F. DIVI. AVG. N. Sa tête nue à g. ℞. PONTIF. TRIBVN. POTEST ITER. autour de **S. C.** (2). MB. Très beau. *Pl. XXI.*

## Néron Drusus

44 NERO. CLAVDIVS. DRVSVS. GERMANICVS. IMP. Sa tête laurée à g. ℞. DE. GERMANIS. Drapeau entre 2 boucliers en sautoir (5). Or. TB. *Pl. I.*

45 Même lég. Sa tête nue à g. ℞. TI. CLAVDIVS.CAESAR. AVG. P. M. TR. P. IMP. S. C. Claude tenant un rameau, assis à g. sur une chaise curule ; autour de lui, des armes éparses (8). GB. TB. *Pl. XIII.*

## Antonia

46 ANTONIA. AVGVSTA. Son buste à dr., couronné d'épis. ℞. SACERDOS. DIVI. AVGVSTI. Deux torches allumées réunies par des bandelettes (4). Or. TB. Rare. *Pl. I.*

47 Même lég. Son buste à dr., en cheveux. ℞. TI. CLAVDIVS. CAESAR. AVG. P. M. TR. P. IMP. P. P. S. C. Antonia voilée debout à g., tenant le simpule (6). MB. TB. *Pl. XXI.*

## Germanicus

48 GERMANICVS. CAESAR. TI. AVGVSTI. F. AVG. N. Sa tête nue à g. ℞. C. CAESAR. AVG. GERMANICVS. PON. M. TR. POT. autour de **S. C.** (1) MB. TB.

## Germanicus et Caligula

49 GERM. CAESAR. PVLCHRO. III. VARIO. II. VIR. Sa tête laurée à dr. ℞. C. CAESAR. AVG. GERMANICVS. Sa tête laurée à g. *Corinthe* (9). MB. B. Rare.

## Agrippine mère

50 AGRIPPINA. M. F. MAT. C. CAESARIS. AVGVSTI. Son buste à dr. ℞. S. P.Q. R. MEMORIAE. AGRIPPINAE. Carpentum avec 2 mules à g. (1). GB. B.

51 AGRIPPINA. M. F. GERMANICI. CAESARIS. Même buste. ℞. TI. CLAVDIVS. CAESAR. AVG. GERM. P. M. TR. P. IMP. P. P. autour de **S. C.** Dans le champ, NCAPR en contremarque (3). GB. TB. *Pl. XIII.*

## Agrippine mère et Caligula

52 AGRIPPINA. MAT. C. CAES. AVG. GERM. Son buste à dr. ℞. C. CAESAR. AVG. PON. M. TR. POT. III. COS. III. Sa tête laurée à dr. (5). Or. Très belle et rare pièce. *Pl. I.*

53 Même droit. ℞. C. CAESAR. AVG. GERM. P. M. TR. POT. Tête nue de Caligula à dr. (4). Arg. Très beau. *Pl. I.*

### Néron et Drusus

54 NERO. ET DRVSVS. CAESARES. Les deux Césars galopant à dr. ℞. C. CAESAR AVG. GERMANICVS. PON. M. TR. POT. autour de **S. C.** (1). MB. B.

### Caligula

55 C. CAESAR. AVG. GERMANICVS. Sa tête nue à dr. ℞. P. M. TR. POT. COS. Victoire stéphanéphore assise à dr. sur un globe (14). Quinaire. Or. Très beau et rare. *Pl. I.*

56 C. CAESAR. AVG. PON. M. TR. POT. III. COS. III. Sa tête laurée à dr. ℞. S. P. Q. R. P. P. OB. C. S. dans une couronne de chêne (21). Arg. TB. *Pl. I.*

57 C. CAESAR. DIVI. AVG. PRON. AVG. P. M. TR. P. III. P. P. Sa tête laurée à g. ℞. ADLOCVT. COH. Caligula debout à g. sur une estrade, haranguant 5 soldats (2). GB. TB. *Pl. XIII.*

58 Même lég. La Piété assise à g.; au bas PIETAS. ℞. DIVO. AVG. S. C. Caligula sacrifiant à g. sur un autel, entre un victimaire et un camille, devant un temple hexastyle (10). GB. TB.

59 C. CAESAR. AVG. GERMANICVS. PON. M. TR. POT. Sa tête laurée à g. ℞. S. P. Q. R. P. P. OB. CIVES. SERVATOS dans une couronne de chêne (24). GB. B.

### Caligula et Auguste

60 C. CAESAR. AVG. GERM. P. M. TR. POT. COS. Sa tête nue à dr. ℞. Tête radiée d'Auguste à dr. entre 2 étoiles (10). Or. TB. *Pl. II.*

### Claude I

61 TI. CLAVD. CAESAR. AVG. P. M. TR. P. VI. IMP. XI. Sa tête laurée à dr. ℞. CONSTANTIAE. AVGVSTI. La Constance assise à g. (7). Or. Très beau. *Pl. II.*

62 Même droit. ℞. DE BRITANN. sur un arc de triomphe surmonté d'une statue équestre à g. entre 2 trophées (17). Or. TB. *Pl. II.*

63 TI. CLAVD. CAESAR. AVG. P. M. TR. P. VIIII. IMP. XVI. Même tête. ℞. PACI. AVGVSTAE. Némésis tenant un caducée marchant à dr., précédée d'un serpent (60). Or. TB. *Pl. II.*

64 TI. CLAVD. CAESAR. AVG. P. M. TR. P. IIII. Même tête. ℞. PRAETOR. RECEPT. Claude en toge, debout à dr., donnant la main à un soldat qui porte une enseigne (date inconnue à C. — Cf. 77 à 80). Or. FDC. Extrêmement rare. *Pl. II.*

65 TI. CLAVD. CAESAR. AVG. P. M. TR. P. XI. IMP. P. P. COS. V. Même tête. ℞. S. P. Q. R. P. P. OB. C. S. dans une couronne civique (95). Or. TB. *Pl. II.*

66 TI. CLAVD. CAES. AVG. Sa tête nue à g. ℞. COM. ASI. Claude couronné par la Fortune dans un temple distyle ; sur la frise : ROM. ET AVG. *Pergame* (3). Médaillon. Arg. Très beau. Rare. *Pl. XXIII.*

67 TI. CLAVD. CAESAR. AVG. P. M. TR. P. IIII. Sa tête laurée à dr. ℞. IMPER. RECEPT. écrit sur un camp à la porte duquel est un prétorien debout, à côté d'une enseigne (44). Arg. Très beau. *Pl. II.*

68 TI. CLAVD. CAESAR. AVG. P. M. TR. P. VIIII. IMP. XVI. Même tête. ℞. S. P. Q. R. P. P. OB. C. S. dans une couronne civique (89). Arg. TB.

69 TI. CLAVDIVS. CAESAR. AVG. P. M. TR. P. IMP. P. P. Même tête. ℞. EX. S. C. P. P. OB. CIVES. SERVATOS. couronne civique (38). GB. TB. *Pl. XIII.*

70 — Variété sans P. P. des deux côtés (39). GB. Magnifique pièce. *Pl. XIII.*

71 — Même lég. avec P. P. Sa tête nue à g. ℞. LIBERTAS. AVGVSTA. S. C. La Liberté debout à dr, (47). MB. B.

72 Même lég. sans P. P. Sa tête laurée à dr. ℞. SPES. AVGVSTA. S. C. L'Espérance marchant à g., tenant une fleur et relevant sa robe (85). GB. Très beau. *Pl. XIII.*

## Claude et Messaline

73 ΤΙ· ΚΛΑΥΔΙ· ΚΑΙΣ· ΣΕΒ· ΓΕΡΜΑΝΙ· ΑΥΤΟΚΡ. Sa tête laurée à dr., devant, L. Γ. (an 3). ℞. ΜΕΣΣΑΛΙΝΑ· ΚΑΙΣ· ΣΕΒΑΣ· Messaline debout à g. *Alexandrie.* Pot. B.

## Claude et Néron

74 TI. CLAVD. CAESAR. AVG. GERM. P. M. TRIB. POT. P. P. Tête laurée à dr. ℞. NERO. CLAVD. CAES. DRVSVS. GERM. PRINC. IVVENT. Buste jeune drapé à g. (4). Or. TB. *Pl. II.*

75 — La même médaille (5). Arg. TB. *Pl. II.*

## Agrippine jeune et Claude

76 AGRIPPINAE. AVGVSTAE. Son buste à dr. couronné d'épis. ℞. TI. CLAVD. CAESAR. AVG. GERM. P. M. TRIB. POT. P. P. Sa tête laurée à dr. (3). Or. B. Rare. *Pl. II.*

## Agrippine jeune et Néron

77 NERO. CLAVD. DIVI. F. CAES. AVG. GERM. IMP. TR. P. COS. Tête nue de Néron et buste d'Aggripine acolés à dr. ℞. AGRIPP. AVG. DIVI. CLAVD. NERONIS. CAES. MATER. EX. S. C. Auguste et Livie dans un quadrige d'éléphants à g. (4). Arg. Très beau. *Pl. II.*

78 AGRIPP. AVG. DIVI. CLAVD. NERONIS. CAES. MATER. Buste d'Agripine et tête nue de Néron en regard. ℞. NERONI. CLAVD. DIVI. F. CAES. AVG. GERM. IMP. TR. P. Couronne civique avec EX. S. C. (7). Arg. Très beau, *Pl. II.*

## Néron

79 NERO. CAESAR. Sa tête laurée à dr. ℞. AVGVSTVS. GERMANICVS. Néron radié debout de face, tenant une branche de laurier et une Victoire (44). Or. FDC. *Pl. II.*

80 NERO. CAESAR. AVGVSTVS. Même tête. ℞. CONCORDIA. AVGVSTA. La Concorde assise à g., tenant une patère et une corne d'abondance (66). Or. Très beau. *Pl. II.*

81 NERONI. CLAVDIO. DRVSO. GERM. COS. DESIGN. Son buste nu, drapé à dr. ℞. EQVESTER. ORDO. PRINCIPI. IVVENT. sur un bouclier posé sur une haste (96). Or. Très beau. *Pl. II.*

82 NERO. CAESAR. AVG. IMP. Sa tête nue à dr. ℞. PONTIF. MAX. TR. P. III. P. P. Autour d'une couronne civique renfermant : EX. S. C. (206). Or. Très beau. *Pl. II.*

83 Même droit. ℞. PONTIF. MAX. TR. P. VII. COS. IIII. P. P. Même type (215). Or. Très beau.

84 Même droit. ℞. PONTIF. MAX. TR. P. X. COS. IIII. P. P. EX. S. C. Rome debout à dr., le pied sur une cuirasse et tenant un bouclier; à terre, des armes (234). Or. Très beau. *Pl. II.*

85 NERO. CAESAR. AVGVSTVS. Sa tête laurée à dr. ℞. AVGVSTVS. AVGVSTA. Auguste et Livie debout à g. (43). Arg. TB.

86 NERO. CLAVD. CAES. DRVSVS. GERM. PRINC. IVVENT. Son buste nu, drapé à g. ℞. SACERD. COOPT. IN. OMN. CONL. SVPRA. NVM. EX. S. C. Simpule, trépied, lituus et patère (312). Arg. TB. *Pl. II.*

87 NERO. CLAVD. CAESAR. AVG. GER. P. M. TR. P. IMP. P. P. Sa tête laurée à dr.; dessous, un globe. ℞. ADLOCVT. COH. S. C. Néron debout à g. sur une estrade, avec le préfet du prétoire, haranguant 3 soldats devant un temple rond tétrastyle (2). GB. Très beau et très rare. *Pl. XIII.*

88 Même lég. Sa tête laurée à g. avec le globe. ℞. ANNONA. AVGVSTI. CERES. S. C. Cérès assise à g. devant l'Abondance debout; entre elles, un autel (15). GB. Très beau.

89 Variété avec IMP. NERO. CAESAR. AVG. P. MAX. TR. P. P. P. (20 var.). GB. Très belle pièce. *Pl. XIV.*

90 NERO. CAES. AVG. IMP. Sa tête laurée à dr. ℞. CER. QVINQ. ROM. CO. S. C. Table des jeux (47). PB. TB.

91 NERO. CLAVD. CAESAR. AVG. GERM. Sa tête nue à dr.; dessous, un globe. ℞. Le précédent (53 var.). PB. Très beau.

92 NERO. CLAVDIVS. CAESAR. AVG. GER. P. M. TR. P. IMP. P. P. Son buste lauré à dr. avec l'égide. ℞. DECVRSIO. S. C. Néron galopant à dr. avec la lance en arrêt, suivi d'un cavalier portant un étendard (83). GB. Magnifique exemplaire, platine verte. Très rare en cet état. *Pl. XIV.*

93 Même lég. avec CLAVD. Sa tête laurée à dr. sur le globe. ℞. Le précédent (86). GB. B. *Pl. XIV.*

94 Même droit. ℞. PACE. P. R. TERRA. MARIQ. PARTA. IANVM. CLVSIT. S. C. Temple de Janus fermé avec la porte à dr. (146). GB. Très beau. *Pl. XIV.*

95 Variété avec CLAVDIVS et la tête laurée à g. (154 var.). GB. Très beau. *Pl. XIV.*

96 NERO. CLAVD. CAESAR. AVG. GERMANICVS. Sa tête nue à dr. ℞. PONTIF. MAX. TR. POT. IMP. P. P. S. C. Néron en habit de femme, debout à dr., jouant de la lyre (247). MB. Très beau. *Pl. XXI.*

97 IMP. NERO. CAESAR. AVG. P. MAX. TRIB. POT. P. P. Sa tête laurée à g. avec le globe. ℞. ƆVA. TЯOꟼ. S. C. L'enceinte des murs du port d'Ostie; en haut, un phare; au bas, le Tibre couché; dans l'intérieur, 7 navires (253 var.). GB. B. *Pl. XIV.*

98 IMP. NERO. CAESAR. AVG. PONT. MAX. TR. POT. P. P. Même tête. ℞. ROMA. S. C. Rome assise à g. sur une cuirasse et des boucliers, tenant une Victoire et un parazonium (268). GB. TB. *Pl. XIV.*

99 IMP. NERO. CAESAR. AVG. P. MAX. TR. POT. P. P. Sa tête nue à dr. ℞. S. C. Victoire à g., tenant un bouclier (302 var.). MB. B.

100 NERO. CLAVD. CAESAR. AVG. GER. P. M. TR. P. IMP. P. P. Sa tête laurée à dr. avec le globe. ℞. S. C. Arc de triomphe surmonté d'un quadrige entre la Paix et la Victoire. A chaque angle du fronton un soldat portant un trophée; entre les colonnes, à g., la statue de Mars (307). GB. TB. *Pl. XIV.*

101 — Variété; IMP. NERO. CAESAR. AVG. PONT. MAX. TR. POT. P. P. Sa tête laurée à g. (309). GB. B.

102 IMP. NERO. CAESAR. AVG. P. MAX. TR. P.P. P. Même tête. ℞. SECVRITAS. AVGVSTI. S. C. La Sécurité assise à dr. devant un autel (325). MB. B.

103 NERO. CLAVD. CAESAR. AVG. GER. P. M. TR. P. IMP. P. P. Sa tête laurée à dr.; dessus, un globe. ℞. VICTORIA. AVGVSTI. S. C. Victoire marchant à g., tenant une couronne et une palme (340). MB. Très beau. *Pl. XXI.*

### Néron et Poppée

104 ΝΕΡΩ. ΚΛΑΥ. ΚΑΙΣ. ΣΕΒ. ΓΕΡ. ΑΥ. Sa tête radiée à dr. ℞. ΠΟΠΠΑΙΑ. ΣΕΒΑΣΤΗ. Son buste à dr.; devant, L. IA (an II). *Alexandrie* (3). Pot. B.

### Clodius Macer

105 L. CLODI. MACRI. S. C. Femme debout à g., tenant un bonnet et une patère. ℞. LEG. I. LIB. MACRIANA. Aigle romaine entre 2 enseignes (2—200 fr.). Arg. Belle et extrêmement rare. *Pl. II.*

### Galba

106 IMP. SER. GALBA. CAESAR. AVG. P. M. Sa tête laurée à dr. ℞. DIVA. AVGVSTA. Livie debout à g. tenant une patère et un sceptre (57). Or. Très belle pièce. *Pl. II.*

107 SER. GALBA. IMP. CAESAR. AVG. P. M. TR. P. Même tête. ℞. S. P. Q. R. OB. C. S. dans une couronne civique (288 Arg.) Or. FDC. Cohen n'a connu que le denier d'argent. Inédite. *Pl. II.*

108 IMP. SER. GALBA. CAESAR. AVG. P. M. Même tête. ℞. VICTORIA. P. R. Victoire tenant une couronne et une palme, debout à g. sur un globe (329). Or. Très beau et rare. *Pl. II.*

109 IMP. SER. GALBA. CAESAR. AVG. Son buste lauré, drapé à dr. ℞. VIRTVS. Mars nu de face, tenant un parazonium et une haste (345 var.). Or. Magnifique pièce à fleur de coin. Très rare. *Pl. II.*

110 SER. GALBA. IMP. CAESAR. AVG. P. M. TR. P. Sa tête laurée à dr. ℞. CONCORDIA PROVINCIARVM. La Concorde debout à g., tenant une branche d'olivier et une corne d'abondance (38). Arg. FDC. *Pl. II.*

111 GALBA. IMP. Sa tête laurée à dr. ℞. DIVA. AVGVSTA. Livie debout à g., tenant une patère et un sceptre (43). Arg. TB.

112 IMP. SER. GALBA. CAESAR. AVG. Même tête. ℞. HISPANIA. L'Espagne debout à g. tenant 2 épis et un pavot et armée d'un bouclier et de 2 hastes (83). Arg. Belle et rare.

113 IMP. GALBA. Même tête. ℞. LIBERTAS. PVBLICA. La Liberté debout à g. (118). Arg. TB.

114 SER. GALBA. IMP. CAESAR. AVG. P. M. TR. P. Même tête. ℞. ROMA RENASC. Rome nicéphore marchant à dr. (197). Arg. TB.

115 Même droit. ℞. VICTORIA. GALBAE. AVG. Victoire debout à g. sur un globe, tenant une couronne et une palme (318). Quinaire. Arg. B. *Pl. II.*

116 SER. SVLPI. GALBA. IMP. CAESAR. AVG. P. M. TR. P. Son buste lauré à dr. avec l'égide. ℞. HISPANIA. CLVNIA. SVL. S. C. Galba assis à g., tenant un parazonium ; devant lui, une femme tourelée, tenant une corne d'abondance et le palladium (86). GB. Beau et très rare.

117 SER. GALBA. IMP. CAES. AVG. TR. P. Sa tête laurée à dr. ℞. S. C. Victoire marchant à g., tenant le palladium et une palme (256). GB. Très beau. Beau portrait. *Pl. XIV.*

118 SER. SVLPI. GALBA. IMP. CAESAR. AVG. P. M. TR. P. Son buste nu, drapé à dr. ℞. S. C. Victoire marchant à g., tenant une couronne et une palme (264 var.). MB. B.

119 Même lég. Sa tête laurée à dr. ℞. SENATVS. PIETATI. AVGVSTI. S. C. Sénateur à g. couronnant Galba qui tient un rameau et une Victoire (280). GB. Superbe de style et de conservation. *Pl. XIV*

120 SER. GALBA. IMP. CAES. AVG. Son buste lauré, drapé à dr. ℞. S. P. Q. R. OB. CIV. SER. dans une couronne de chêne (289). GB. TB.

121 *Autonomes.* FIDES. PRAETORIANORVM. Deux mains jointes. ℞. FIDES. EXERCITVVM. Deux mains jointes (363). Arg. TB. Rare.

122 SALVS. GENERIS. HVMANI. Victoire debout à g. sur un globe. ℞. S. P. Q. R. dans une couronne de chêne (420). Arg. B.

123 LIBERTAS. RESTITVTA. Tête de la Liberté à dr. ℞. S. P. Q. R. sur un bouclier dans une couronne de chêne (431—60 fr.). Arg. B. Rare. *Pl. II.*

## Othon

124 IMP. OTHO. CAESAR. AVG. TR. P. Sa tête nue à dr. ℞. PONT. MAX. L'Abondance debout à g., tenant 2 épis avec un pavot et une corne d'abondance (10). Or. Superbe et à fleur de coin. *Pl. II.*

125 Même droit avec IMP. M. ℟. SECVRITAS. P. R. La Sécurité debout à g., tenant une couronne et un sceptre (16). Or. TB. *Pl. III.*

126 Même droit. ℟. Même lég. Jupiter assis à dr., tenant un foudre sur ses genoux et un sceptre (8). Arg. TB. *Pl. III.*

127 Même droit. ℟. VICTORIA. OTHONIS. Victoire marchant à g., tenant une couronne et une palme (24). Arg. Très beau. *Pl. III.*

## Vitellius

128 A. VITELLIVS. GERM. IMP. AVG. TR. P. Sa tête laurée à dr. ℟. PONTIF. MAXIM. Vesta voilée, tenant une patère et un sceptre, assise à dr. (71). Or. Très belle pièce à fleur de coin. Rare. *Pl. III.*

129 A. VITELLIVS. IMP. GERMAN. Même tête. ℟. VESTA. P. R. QVIRITIVM. Vesta assise à g., tenant une patère et une torche (89). Or. Belle et rare.

130 Même droit. ℟. I. O. MAX. CAPITOLINVS. Jupiter, tenant un foudre et un sceptre, assis à g. dans un temple distyle (39). Arg. B. Rare.

131 A. VITELLIVS. GERMAM. IMP. TR. P. Même tête. ℟. IVPPITER. VICTOR. Jupiter assis à g., tenant une Victoire et un sceptre (44). Arg. TB.

132 A. VITELLIVS. IMP. GERMAN. Sa tête laurée à g. ℟. FIDES. EXERCITVVM. S. C. Deux mains jointes (34). MB. B.

133 A. VITELLIVS. IMP. GERMAN. Sa tête laurée à g. ℟. VICTORIA. AVGVSTI. S. C. Victoire marchant à g., tenant un bouclier (103). MB. B.

## Vitellius et ses enfants

134 A. VITELLIVS. GERM. IMP. AVG. TR. P. Sa tête laurée à dr. ℟. LIBERI. IMP. GERMAN. Bustes en regard de son fils et de sa fille (2—100 fr.). Arg. Superbe pièce de la plus grande rareté. *Pl. III.*

## Vitellius père et Vitellius

135 L. VITELLIVS. COS. III. CENSOR. Son buste lauré, drapé à dr.; devant, un sceptre surmonté d'un aigle. ℟. A. VITELLIVS. GERM. IMP. AVG. TR. P. Tête laurée de Vitellius à dr. (2—300 fr.). Arg. TB. et extrêmement rare. *Pl. III.*

136 A. VITELLIVS. GERMAN. IMP. AVG. P. M. TR. P. Son buste lauré, drapé à dr. ℟. L. VITELL. CENSOR. II. S. C. Vitellius père assis à g. sur une estrade. En face, un homme assis et 3 personnages debout. (Voyez Cohen : Vitellius 53—200 fr.). GB. TB. et très rare. *Pl. XV.*

## Vespasien

137 IMP. CAESAR VESPASIANVS. AVG. Sa tête laurée à g. ℞. AETERNITAS. L'Eternité debout à g., tenant les têtes du Soleil et de la Lune; à ses pieds, un autel (23). Or. Très belle pièce. *Pl. III.*

138 Même lég. Sa tête laurée à dr. ℞. COS. ITER. TR. POT. La Paix? assise à g., tenant 3 épis et un caducée? (Inédite). Or. Très beau. *Pl. III.*

139 IMP. CAESAR. VESPASIANVS. AVG. TR. P. Même tête. ℞. COS. III. FORT. RED. La Fortune debout à g., tenant un globe et un caducée (97). Or. FDC. *Pl. III.*

140 Même lég. sans TR. P. et même tête. ℞. COS. VI. Taureau cornupète à dr. (112 var.). Or. FDC. *Pl. III.*

141 IMP. CAES. VESP. AVG. P. M. COS. IIII. Même tête. ℞. VIC. AVG. Victoire debout à dr. sur un globe, tenant une couronne et une palme (586). Or. Très beau. *Pl. III.*

142 IMP. CAES. VESPAS. AVG. Même tête. ℞. AVG. et Φ dans une couronne de laurier. *Ephèse* (37). Arg. Très beau. *Pl. III.*

143 IMP. CAESAR. VESPAS. AVG. COS. III. TR. P. P. P. Même tête. ℞. CONCORDIA. AVG. La Concorde assise à g. (67). Arg. TB.

144 Même lég. avec COS. V. et même tête. ℞. PACI. AVGVSTAE. La Paix ailée marchant à dr.; dans le champ, une étoile (277). Arg. TB.

145 IMP. CAESAR. VESPASIANVS. AVG. Sa tête laurée à g. ℞. TR. POT. X. COS. VIIII. Statue sur une colonne rostrale (560). Arg. FDC.

146 IMP. CAES. VESP. AVG. P. M. COS. V. CENS. Sa tête laurée à dr. ℞. VICTORIA. AVGVSTI. Victoire marchant à dr. (613—20 fr.). Quinaire. Arg. FDC.

147 IMP. CAES. VESPASIAN. AVG. COS. VIII. P. P. Sa tête laurée à dr. ℞. AEQVITAS. AVGVSTI. S. C. L'Equité debout à g. (20). MB. TB.

148 Même droit. ℞. IVDAEA. CAPTA. S. C. Vespasien en habit militaire, tenant une haste et un parazonium, debout à dr. devant un palmier au pied duquel la Judée en pleurs est assise à dr. (239). GB. TB. Rare. *Pl. XV.*

149 IMP. CAESAR. VESPASIAN. AVG. COS. IIII. Sa tête radiée à dr. ℞. PAX. AVG. S. C. La Paix debout à g. près d'un autel (301). MB. B.

150 IMP. VESPASIAN. AVG. Gouvernail sur un globe. ℞. P. M. TR. P. P. P. COS. V. S. C. Caducée ailé (346). PB. TB.

151 IMP. CAES. VESPASIAN. AVG. P. M. TR. P. P. P. COS. III. Sa tête laurée à dr. ℞. S. C. Rome nicéphore debout à g. et tenant une haste (419). GB. Très-beau, presque à fleur de coin. *Pl. XV.*

152 Même lég. avec VESPAS. et même tête. ℞. SALVS AVGVSTA. S. C. La Santé assise à g., tenant une patère et un sceptre (433). GB. Très beau. *Pl. XV.*

153 IMP. CAESAR. VESPASIAN. AVG. COS. IIII. Sa tête laurée à dr. ℞. S. C. Aigle sur un globe (481 var.). MB. B.

154 IMP. CAES. VESPASIAN. AVG. P. M. TR. P. P. P. COS. III. Sa tête laurée à g. ℞. S. P. Q. R. ADSERTORI. LIBERTATIS. PVBLICAE. Couronne civique (522). GB. Très beau. *Pl. XV.*

155 Même lég. avec VESPAS. Sa tête laurée à dr. ℞. VICTORIA. AVGVSTI. S. C. Victoire debout à dr., le pied sur un casque, écrivant sur un bouclier attaché à un palmier (621). GB. Très beau. *Pl. XV.*

## Vespasien, Titus et Domitien

156 IMP. CAESAR. VESPASIANVS. AVG. TR. P. Tête laurée à dr. ℞. TITVS. ET. DOMITIAN. CAESARES. PRIN. IVEN. Titus et Domitien assis à g., tenant chacun un rameau (Voy. Cohen: Vespasien 543). Or. FDC. et très rare. *Pl. III.*

157 IMP. CAESAR. VESPASIANVS. AVG. Sa tête laurée à dr. ℞. CAESAR. AVG. F. COS. CAESAR. AVG. F. PR. Têtes nues de Titus et de Domitien en regard (5). Arg. B. Rare. *Pl. III.*

158 IMP. CAES. VESPASIAN. AVG. P. M. TR. P. P. P. COS. III. Sa tête laurée à dr. ℞. CAES. AVG. F. DES. IMP. AVG. F. COS. DES. IT. S. C. Titus et Domitien en regard (Voyez Cohen : Vespasien 46). GB. Très beau et rare.

## Domitille

159 DIVA. DOMITILLA. AVGVSTA. Son buste à dr. ℞. FORTVNA. AVGVST. La Fortune debout à g., tenant un gouvernail et une corne d'abondance (3 — 400 fr.). Arg. Très beau et très rare. *Pl. III.*

## Domitille jeune

160 MEMORIAE. DOMITILLAE. S. P. Q. R. Char attelé de 2 mules à dr. ℞. IMP. T. CAES. DIVI. VESP. F. AVG. P. M TR. P. P. P. COS. VIII. autour de **S. C.** (1). GB. TB. Rare.

## Titus

161 T. CAES. IMP. VESP. CENS. Sa tête laurée à dr. ℞. PONTIF. TRI. POT. Titus assis à dr. tenant un sceptre et un rameau (168). Or. Fleur de coin. *Pl. III.*

162 T. CAES. IMP. VESP. PON. TR. POT. Même tête. ℟. VESTA. Vesta debout dans un temple rond; de chaque côté, une statue (350). Or. Fleur de coin. Rare. *Pl. III.*

163 Même droit. ℟. Sans lég. Titus dans un quadrige au pas à dr., tenant un rameau et un sceptre (393). Or. FDC. *Pl. III.*

164 T. CAESAR. IMP. VESPASIANVS. Même tête. ℟. COS. V. Aigle éployé de face sur un cippe, la tête à g. (60 var.). Arg. FDC.

165 T. CAESAR. VESPASIANVS. Tête laurée à dr. ℟. IMP. XIII. Truie à g. (104). Arg. FDC.

166 T. CAESAR. IMP. VESP. Même tête. ℟. PONTIF. TR. P. COS. III. Caducée ailé (159). Arg. FDC.

167 IMP. TITVS. CAES. VESPASIAN. AVG. P. M. Même tête. ℟. TR. P. IX. IMP. XV. COS. VIII. P. P. Trophée entre 2 captifs (306). Arg. FDC.

168 Même droit. ℟. VICTORIA. AVGVST. Victoire marchant à dr., tenant une couronne et une palme (356). Quinaire. Arg. TB. *Pl. IV.*

169 T. CAES. VESPASIAN. IMP. PON. TR. POT. COS. II. Sa tête laurée à dr. ℟. CONGIAR. PRIMVM. P. R. DAT. S. C. Titus assis à g. sur une estrade; devant lui, un citoyen, un soldat et la statue de Pallas (46). GB. AB. Rare.

170 T. CAES. IMP. PON. TR. P. COS. II. CENS. Sa tête radiée à dr. ℟. ROMA. VICTRIX. S. C. Rome nicéphore assise à g. sur des armes (191). MB. TB.

171 IMP. T. CAES. VESP. AVG. P. M. TR. P. P. P. COS. VIII. Sa tête laurée à dr. ℟. S. C. L'Espérance à g. tenant une fleur et relevant sa robe (221). GB. TB.

## Julie (*fille de Titus*)

172 IVLIA. AVGVSTA. TITI. AVGVSTI. F. Son buste diadémé à dr. ℟. VENVS. AVGVST. Vénus à moitié nue, vue de dos, appuyée sur une colonne, tenant un casque et un sceptre (14). Arg. Belle et rare. *Pl. III.*

173 DIVAE. IVLIAE. AVG. DIVI. TITI. F. S. P. Q. R. Carpentum attelé de 2 mules à dr. ℟. IMP. CAES. DOMIT. AVG. GERM. COS. XV. CENS. PER. P. P. autour de **S. C.** (9). GB. TB. Rare.

## Domitien

174 CAESAR. AVG. F. DOMITIANVS. Sa tête laurée à dr. ℟. COS. V. Sarmate à genoux à dr. présentant une enseigne (48). Or. Fleur de coin. *Pl. III.*

175 DOMITIANVS. AVGVSTVS. Même tête. ℞. GERMANICVS. COS. XIIII. Esclave germaine en pleurs, assise à dr. sur un bouclier; dessous, une haste brisée (148). Or. TB. *Pl. III.*

176 Même lég. Sa tête nue à dr. ℞. GERMANICVS. COS. XVI. Domitien dans un quadrige au pas à g., tenant une branche de laurier et un sceptre (161). Or. Très belle pièce. Rare. *Pl. III.*

177 IMP. CAES. DOMIT. AVG. GERM. P. M. TR. P. V. Sa tête laurée à dr. ℞. IMP. VIIII. COS. XI. CENS. POT. P. P. Type de l'esclave germaine (188). Or. Très belle pièce. *Pl. III.*

178 CAES. AVG. F. DOMIT. COS. III. Tête laurée, légèrement barbue. ℞. PRINCEPS. IVVENTVT. L'Espérance debout à g., tenant une fleur et relevant sa robe (374). Or. Fleur de coin. *Pl. III.*

179 IMP. CAES. DOMITIANVS. AVG. P. M. Sa tête laurée à dr. ℞. TR. POT. IMP. II. COS. VIII. DES. VIIII. P. P. Buste casqué de Pallas à g., l'égide sur la poitrine, tenant un sceptre (607). Or. Très beau. *Pl. III.*

180 IMP. CAES. DOMIT. AVG. GERM. P. M. TR. P. VIII. Même tête. ℞. COS. XIIII. LVD. SAEC. FEC. Prêtre salien à g., dansant et tenant un flambeau et un bouclier (76). Arg. Fleur de coin. Rare. *Pl. III.*

181 IMP. CAES. DOMIT. AVG. GERM. P. M. TR. P. XIIII. IMP. XXII. Même tête. ℞. COS. XVII. CENS. P. P. P. Aigle légionnaire entre 2 enseignes (94). Médaillon. Arg. B. Rare. *Pl. XXIII.*

182 IMP. CAES. DOMIT. AVG. GERM. P. M. TR. P. V. Même tête. ℞. IMP. XI. COS. XII. CENS. P. P. P. Victoire à dr. (197). Quinaire. Arg. TB. *Pl. IV.*

183 Même droit avec TR. P. VI. ℞. IMP. XIIII. COS. XIII. CENS. P. P. P. Pallas combattant à dr. (217). Arg. FDC.

184 Même droit avec TR. P. VII. ℞. IMP. XIIII. COS. XIIII. CENS. P. P. P. Victoire marchant à dr. (239). Quinaire. Arg. FDC. *Pl. IV.*

185 Même droit avec TR. P. X. ℞. IMP. XXI. COS. XV. CENS. P. P. P. Pallas combattant à dr. (265). Arg. FDC.

186 Même droit avec TR. P. XI. ℞. IMP. XXI. COS. XVI. CENS. P. P. Pallas à g. avec foudre et haste (272). Arg. FDC.

187 Même droit avec TR. P. XIII. ℞. IMP. XXII. COS. XVI. CENS. P. P. P. Pallas à g. avec haste (282). Arg. FDC.

188 IMP. CAES. DOMITIANVS. AVG. GERMANIC. Son buste lauré, drapé à g. ℞. P. M. TR. POT. III. IMP. V. COS. X. P. P. Aigle éployé à g. sur un foudre (359). Arg. TB.

189 IMP. CAES. DOMIT. AVG. GERM. COS. XII. CENS. PER. P. P. Sa tête laurée à dr. ℞. FORTVNAE. AVGVSTI. S.C. La Fortune debout à g. (122). MB. B.

190 Même droit avec COS. XV. ℞. IOVI. VICTORI. S. C. Jupiter assis à g., tenant une Victoire et un sceptre (314). GB. Superbe. *Pl. XV.*

191 CAESAR. AVG. F. DOMITIANVS. COS. V. Même tête. ℞. S. C. L'Espérance à g., tenant une fleur et relevant sa robe (454). MB. TB.

192 IMP. CAES. DOMITIAN. AVG. GERM. COS XI. Son buste lauré à dr. avec l'égide. ℞. S. C. Domitien voilé debout à g., sacrifiant devant un autel à l'entrée du temple de Pallas (491). GB. TB. Rare. *Pl. XV.*

193 IMP. CAES. DOMIT. AVG. GERM. COS. XVI. CENS. PER. P. P. Sa tête laurée à dr. ℞. S. C. Domitien à g., en habit militaire, tenant un foudre et une haste, couronné par la Victoire debout (514). GB. Superbe pièce. *Pl. XV.*

194 IMP. DOMIT. AVG. GERM. COS. XI. Buste lauré d'Apollon à dr. ℞. S. C. Lyre (541). PB. Très beau. *Pl. III.*

195 IMP. DOMITIANVS. AVG. Sa tête laurée à dr. ℞. S. C. Corne d'abondance (543). PB. TB. *Pl. IV.*

196 IMP. DOMIT. AVG. GERM. Buste casqué de Pallas à dr. ℞. S. C. Branche d'olivier (544). PB. TB.

197 IMP. CAES. DOMIT. AVG. GERM. COS. XVI. CENS. PER. P. P. Sa tête radiée à dr. ℞. VIRTVTI. AVGVSTI. S. C. La Valeur debout à dr. (659). MB. TB.

198 IMP. DOMIT. AVG. GERM. autour de **S. C.** ℞. Sans lég. Rhinocéros à g. (674). PB. Très beau.

## Domitia

199 DOMITIA. AVGVSTA. IMP. DOMIT. Son buste à dr. avec la queue. ℞. CONCORDIA. AVGVST. Paon marchant à dr. (1). Or. Magnifique pièce à fleur de coin et d'une grande rareté. *Pl. IV.*

200 Même droit. ℞. PIETAS. AVGVST. Domitia voilée assise à g. et tenant un sceptre; devant elle, un enfant debout (12 — 150 fr.) Arg. TB. *Pl. IV.*

## Nerva

201 IMP. NERVA. CAES. AVG. P. M. TR. P. COS. III. P. P. Sa tête laurée à dr. ℞. LIBERTAS. PVBLICA. La Liberté debout à g., tenant un bonnet et un sceptre (112). Or. Très beau. *Pl. IV.*

202 Même droit avec TR. P. II. COS. III. P. P. ℞. CONCORDIA. EXERCITVVM. Deux mains jointes (22). Arg. FDC. *Pl. IV.*

203 IMP. NERVA. CAES. AVG. PONT. MAX. TR. P. Même tête. ℞. COS. II. DESIGN. III. P. P. Diane chasseresse à dr. avec son chien (40 — 25 fr.). Arg. Très beau. *Pl. IV.*

204 IMP. NERVA. CAES. AVG. P. M. TR. POT. P. P. Même tête. ℞. COS. III. Aigle légionnaire entre 2 enseignes (44 — 100 fr.). Médaillon. Arg. TB. Rare. *Pl. XXIII.*

205 Même droit sans P. P. ℞. COS. III. PATER. PATRIAE. Instruments de sacrifice (48). Arg. FDC.

206 IMP. NERVA. CAES. AVG. P. M. TR. P. COS. III. P. P. Même tête. ℞. FORTVNA. AVGVST. La Fortune debout à g. (66). Arg. TB.

207 IMP. NERVA. CAES. AVG. GERM. P. M. TR. P. II. Même tête. ℞. IMP. II. COS. IIII. P. P. Victoire marchant à dr. (93 — 40 fr.). Quinaire. Arg. B. Rare. *Pl. IV.*

## Trajan

208 IMP. TRAIANO. AVG. GER. DAC. P.M. TR. P. COS. VI. P. P. Son buste lauré, drapé à dr. ℞. CONSERVATORI. PATRIS. PATRIAE. Jupiter nu debout à g., étendant son manteau sur Trajan debout devant lui (46). Or. TB. *Pl. IV.*

209 IMP. TRAIANO. AVG. GER. DAC. P. M. TR. P. Même droit. ℞. COS. V. P. P. S. P. Q. R. OPTIMO. PRINC. Trajan marchant à dr., tenant une haste et levant la main dr. (91). Or. TB. *Pl. IV.*

210 Même lég. avec COS. VI. P. P. Son buste lauré à dr. ℞. ALIM. ITAL. S. P. Q. R. OPTIMO. PRINCIPI. L'Abondance à g.; à ses pieds, un enfant (9). Arg. FDC.

211 IMP. TRAIANO. OPTIMO. AVG. GER. DAC. P. M. TR. P. Son buste lauré et drapé à dr. ℞. COS. VI. P. P. S. P. Q. R. La colonne trajane (115). Arg. FDC.

212 IMP. CAES. NERVA. TRAIAN. AVG. GERM. Sa tête laurée à dr. ℞. P. M. TR. P. COS. III. P. P. La Concorde assise à g. (227). Arg. FDC.

213 IMP. NERVA. TRAIANVS. AVG. GER. DACICVS. Même tête. ℞. P. M. TR. P. COS. V. P. P. Trajan debout, couronné par la Victoire (261). Arg. FDC.

214 IMP. CAES. NERVA. TRAIAN. AVG. GERM. Même tête. ℞. PONT. MAX. TR. POT. COS. II. Vesta assise à g. (288). Arg. FDC.

215 IMP. TRAIANO. AVG. GER. DAC. P. M. TR. P. COS. V. P. P. Son buste lauré à dr. ℞. S. P. Q. R. OPTIMO. PRINCIPI. Victoire marchant à dr. (430). Quinaire. Arg. FDC. *Pl. V.*

216 Même droit avec COS. VI. ℞. Même lég. Statue équestre de Trajan à g. armé d'une haste (497). Arg. FDC.

217 IMP. NERVA. CAES. TRAIAN. AVG. GERM. P. M. Sa tête laurée à dr. ℞. TR. P. COS. II. P. P. S. C. La Justice assise à g., tenant un rameau et un sceptre (587). GB. Très beau. *Pl. XV.*

218 IMP. CAES. NERVA. TRAIAN. AVG. GERM. P. M. Son buste lauré à dr. ℞. TR. POT. COS. IIII. P. P. S. C. Victoire à g., tenant un bouclier (640). MB. TB.

## Plotine

219 PLOTINA. AVG. IMP. TRAIANI. Son buste diadémé à dr. ℞. CAES. AVG. GERMA. DAC. COS. VI. P. P. Vesta assise à g., tenant le palladium et un sceptre (3 — 100 fr.). Arg. Très belle et rare. *Pl. IV.*

## Marciane

220 DIVA. AVGVSTA. MARCIANA. Son buste diadémé à dr. ℞. CONSECRATIO. Aigle éployé marchant à dr. sur un sceptre et regardant à g. (7—300 fr.). Or. B. Rare. *Pl. IV.*

221 Même droit. ℞. Même lég. Aigle éployé marchant à g. sur un sceptre, regardant à dr. (4 — 100 fr.). Arg. TB. *Pl. IV.*

Cette pièce sera retirée par le propriétaire de la collection

## Adrien

222 HADRIANVS. AVG. COS. III. P. P. Son buste nu, drapé à dr. ℞. ADVENTVI. AVG. ITALIAE. Adrien et l'Italie debout; entre eux, un autel (42). Or. TB. Rare. *Pl. IV.*

223 HADRIANVS. AVGVSTVS. Son buste lauré à dr. ℞. COS. III. L'Espérance marchant à g., tenant une fleur et relevant sa robe (389). Quinaire. Or. Très belle pièce, très rare. *Pl. IV.*

224 Même lég. Sa tête nue à g. ℞. COS. III. Adrien galopant à dr. et tenant une haste en arrêt (manque à C. — Cf. 414 pour le revers). Or. Très beau et très rare. *Pl. IV.*

225 Même lég. Son buste lauré à g. ℞. COS. III. La louve à g., allaitant Romulus et Rémus (423). Or. Très beau. *Pl. IV.*

226 HADRIANVS. AVG. COS. III. P. P. Sa tête nue à dr. ℞. DISCIPLINA. AVG. Adrien marchant à dr., suivi de trois porte-enseignes (540). Or. TB. Très rare. *Pl. IV.*

227 Même lég. Son buste nu, drapé à g. ℞. HISPANIA. L'Espagne couchée à g., tenant une branche d'olivier et le coude g. appuyé sur le rocher de Calpé; devant elle, un lapin (828 var.). Or. Superbe pièce à fleur de coin. Très rare. *Pl. IV.*

228 IMP. CAESAR. TRAIAN. HADRIANVS. AVG. Son buste lauré et drapé à dr. ℞. ORIENS. P. M. TR. P. COS. DES. II. Buste radié du Soleil à dr. (1004). Or. Très beau. *Pl. IV.*

229 Même lég. Son buste lauré, drapé et cuirassé à dr. ℞. P. M. TR. P. COS. III. Hercule nu de face, tenant une massue et 2 flèches, assis sur un bouclier et une cuirasse; à g., des boucliers (1081). Or. Très beau et très rare. *Pl. IV.*

230 Même lég. Sa tête laurée à dr. ℞. Même lég. Hercule nu debout de face dans un temple distyle, tenant une massue; au-dessous, un fleuve couché à g. (1083). Or. Beau et très rare. *Pl. IV.*

231 Même droit. ℞. Même lég. Hercule nu debout entre 2 femmes dans un temple distyle, tenant une massue; au-dessous, un fleuve couché à dr. (1084). Or. B. et très rare. *Pl. IV.*

232 HADRIANVS. AVG. COS. III. P. P. Son buste nu, drapé à dr. ℞. RESTITVTORI. ACHAIAE. Adrien debout à g., relevant l'Achaïe agenouillée; entre eux, l'urne des jeux (1214). Or. TB. Rare. *Pl. IV.*

233 Même lég. Sa tête nue à dr. ℞. VOTA. PVBLICA. Adrien debout à g., sacrifiant sur un trépied; devant lui, un victimaire assommant un taureau, un soldat, un joueur de double flûte et un camille (1480). Or. TB. Joli revers extrêmement rare. *Pl. IV.*

234 Même lég. Son buste lauré, drapé à dr. ℞. GERMANIA. La Germanie debout à dr., tenant une lance et appuyée sur un bouclier (806 var.). Arg. TB.

235 Même lég. Sa tête nue à dr. ℞. HISPANIA. L'Espagne étendue à g., tenant une branche de laurier; à ses pieds, un lapin (822). Arg. FDC.

236 IMP. CAESAR. TRAIAN. HADRIANVS. AVG. Son buste lauré, drapé et cuirassé à dr. ℞. P. M. TR. P. COS. III. Victoire assise à g., tenant une couronne et une palme (1139). Quinaire. Arg. FDC. *Pl. V.*

237 Même lég Son buste lauré à dr. ℞. Même lég. La Paix à g., tenant une branche d'olivier et un sceptre (1140). Arg. FDC.

238 Même lég. Son buste lauré, drapé à dr. ℞. Même lég. Femme assise à g., tenant une Victoire et un rameau (1147). Arg. FDC.

239 Même droit. ℞. Même lég. Vaisseau à g. (1174). Arg. FDC.

240 HADRIANVS. AVG. COS. III. P. P. Sa tête laurée à dr. ℞. RESTITVTORI. HISPANIAE. Adrien à g., relevant l'Espagne agenouillée (1260). Arg. TB.

241 Même lég. Son buste lauré, drapé à dr. ℟. ADVENTVI. AVG. HISPANIAE. S. C. Adrien debout à dr., en face de l'Espagne qui tient une patère et une branche d'olivier; entre eux, un autel; à côté, une Victoire (40). GB. TB. *Pl. XVI.*

242 Même lég. Sa tête laurée à dr. ℟. AEQVITAS. AVG. S. C. L'Equité debout à g., tenant une balance et un sceptre (125). GB. TB.

243 IMP. CAESAR. TRAIANVS. HADRIANVS. AVG. Son buste lauré à dr. ℟. ANNONA. AVG. PONT. MAX. TR. POT. COS. II. S. C. L'Abondance debout à dr.; à ses pieds, le modius et un vaisseau (184). GB. TB. *Pl. XVI.*

244 HADRIANVS. AVGVSTVS. Son buste lauré à dr. ℟. EXPED. AVG. COS. III. S. C. Adrien en habit militaire galopant à g. et levant la main dr. (590). GB. TB. *Pl. XVI.*

245 Même lég. Son buste lauré, drapé à dr. ℟. FELICITATI. AVG. COS. III. P. P. S. C. Vaisseau allant à g. (664). GB. TB.

246 HADRIANVS. AVGVSTVS. P. P. Son buste lauré, drapé à dr. ℟. FORT. RED. COS. III. S. C. La Fortune assise à g., tenant un gouvernail et une corne d'abondance (732). GB. TB. *Pl. XVI.*

247 HADRIANVS. AVG. COS. III. P. P. Sa tête nue à dr. ℟. HADRIANVS. AVG. COS. III. P. P. Son buste nu, drapé à dr. (812 var.). MB. Superbe et rare. *Pl. XXI.*

248 Même lég. Son buste lauré, drapé à dr. ℟. HISPANIA. S. C. L'Espagne étendue à g.; derrière elle, un lapin (841). MB. Très belle pièce, à fleur de coin. *Pl. XXI.*

249 HADRIANVS. AVGVSTVS. Même droit. ℟. INDVLGENTIA. AVG. COS. III. P. P. S. C. L'Indulgence assise à g. (852). MB. TB.

250 IMP. CAESAR. TRAIANVS. HADRIANVS. AVG. P. M. TR. P. COS. III. Son buste lauré à dr. ℟. LIBERTAS. PVBLICA. S. C. La Liberté assise à g., tenant une branche de laurier et un sceptre (948). GB. TB. *Pl. XVI.*

251 IMP. CAESAR. TRAIANVS. HADRIANVS. AVG. Son buste lauré à dr. ℟. PONT. MAX. TR. POT. COS. III. S. C. La Paix debout à g., tenant un caducée et une corne d'abondance (1192). GB. TB.

252 HADRIANVS. AVG. COS. III. P. P. Son buste nu, drapé à dr. ℟. RESTITVTORI. HISPANIAE. S. C Adrien debout à g., relevant l'Espagne agenouillée qui tient une branche d'olivier; entre eux, un lapin (1263). GB. Très beau, rare. *Pl. XVI.*

253 — Variété ; buste lauré, drapé à dr. (1265). GB. B.

254 Même droit. ℟. Même lég. Adrien debout à dr., relevant l'Espagne agenouillée ; entre eux, un lapin (1272). GB. B.

### Adrien et Trajan

255 IMP. CAES. TRAIAN. HADRIAN. OPT. AVG. G. D. PART. Son buste lauré, drapé et cuirassé à dr. ℞. DIVO. TRAIANO. PATRI. AVG. Son buste lauré, drapé et cuirassé à dr. (1 — 300 fr.). Or. TB. Rare. *Pl. IV.*

### Sabine

256 SABINA. AVGVSTA. HADRIANI. AVG. P. P. Son buste diadémé à dr. avec la coiffure relevée. ℞. Sans lég. Vesta assise à g.. tenant le palladium et un sceptre (84). Or. TB. Très rare. *Pl. V.*

257 Même lég. Son buste diadémé à dr. avec la queue. ℞. CONCORDIA. AVG. La Concorde assise à g. (12). Arg. TB.

258 Même lég. Son buste diadémé à dr. avec la coiffure relevée. ℞. S. C. Vesta assise à g., tenant le palladium et un sceptre (65). GB. B. *Pl. XVI.*

259 Même lég. Son buste diadémé à dr. avec la queue. ℞. VESTA. S. C. Le précédent (82). GB. TB. *Pl. XVI.*

### Ælius

260 L. AELIVS. CAESAR. Son buste nu, drapé à dr. ℞. CONCORD. TRIB. POT. COS. II. La Concorde assise à g., tenant une patère, le coude g. appuyé sur une corne d'abondance (9). Or. Très beau et très rare. *Pl. V.*

261 Même lég. Sa tête nue à g. ℞. CONCORD. TR. POT. COS. II. Même type (5). Arg. FDC. *Pl. V.*

262 Même lég. Sa tête nue à dr. ℞. PIETAS. TR. POT. COS. II. La Piété à dr., devant, un autel (36). Arg. TB.

263 Même droit. ℞. TR. POT. COS. II. S. C. L'Espérance marchant à g., tenant une fleur et relevant sa robe (56). GB. B. *Pl. XVI.*

### Antonin

264 ANTONINVS. AVG. PIVS. P. P. TR. P. XVI. Son buste nu, drapé et cuirassé à g. ℞. COS. IIII. Antonin debout à g., tenant un globe (308). Or. TB. *Pl. V.*

265 ANTONINVS. AVG. PIVS. P. P. TR. P. XII. Sa tête laurée à dr. ℞. TEMPORVM. FELICITAS. COS. IIII. Deux cornes d'abondance en sautoir, surmontées des bustes des enfants jumeaux de Marc-Aurèle (811). Or. Très belle pièce. Rare. *Pl. V.*

266 ANTONINVS. AVG. PIVS. P. P. Son buste nu, drapé à dr. ℞. TR. POT. COS. III. Romulus nu-tête, marchant à dr., portant une haste et un trophée (909). Or. Très beau, très rare. *Pl. V.*

267 Même lég. Sa tête nue à dr. ℞. TR. POT. COS. IIII. Pallas nicéphore debout à g., appuyée sur un bouclier, une haste reposant sur son bras g. (930). Quinaire. Or. Superbe pièce à fleur de coin. Extrêmement rare. *Pl. V.*

268 ANTONINVS. AVG. PIVS. P. P. IMP. II. Sa tête laurée à dr. ℞. TR. POT. XXI. COS. IIII. La Santé assise à g., nourrissant un serpent autour d'un autel (1041). Or. Très beau. *Pl. V.*

269 ANTONINVS. AVG. PIVS. P. P. TR. P. XXII. Son buste lauré à dr. avec l'égide. ℞. VOTA. SVSCEPTA. DEC. III. COS. IIII. Antonin voilé sacrifiant à g. sur un trépied (Manque en or. — Cf. 1124. GB). Or. Très beau. Rare. *Pl. V.*

270 ANTONINVS. AVG. PIVS. P. P. TR. P. COS. IIII. Sa tête nue à dr. ℞. Sans lég. Rome assise à g. sur un bouclier rond, tenant le palladium et une haste (1149). Or. Fleur de coin. *Pl. V.*

271 ANTONINVS. AVG. PIVS. P. P. TR. P. XIII. Sa tête laurée à dr. ℞. COS. IIII. Génie nu, debout à g., tenant une patère et des épis (219). Arg. TB.

272 ANTONINVS. AVG. PIVS. P. P. TR. P. COS. III. Sa tête nue à dr. ℞. GENIO. SENATVS. Génie à g., tenant un rameau et un sceptre (398). Arg. FDC.

273 IMP. CAES. T. AEL. HADR. ANTONINVS. AVG. PIVS. P. P. Sa tête laurée à dr. ℞. PIETAS. TR. POT. XIIII. COS. IIII. La Piété à dr., tenant une chèvre et une corbeille; à ses pieds, un autel (616). Arg. TB.

274 ANTONINVS. AVG. PIVS. P. P. TR. P. XXIIII. Même tête. ℞. PIETATI. AVG. COS. IIII. La Piété à g. avec 4 enfants (631). Arg. TB.

275 IMP. T. AEL. CAES. ANTONINVS. Sa tête nue à dr. ℞. TRIB. POT. COS. Diane à dr., tenant une flèche et un arc (1058). Arg. TB.

276 DIVVS. ANTONINVS. Sa tête nue à dr. ℞. DIVO. PIO. S. C. Statue d'Antonin sur une colonne placée sur une base (354). GB. B.

277 ANTONINVS. AVG. PIVS. P. P. TR. P. COS. III. Sa tête laurée à dr. ℞. IMPERATOR. II. S. C. La Bonne Foi debout à dr., tenant 2 épis et une corbeille de fruits (426). GB. Très beau. *Pl. XVI.*

278 ANTONINVS. AVG. PIVS. P. P. TR. P. XII. Même tête. ℞. TEMPORVM. FELICITAS. COS. IIII. S. C. Deux cornes d'abondance (813). GB. TB. *Pl. XVII.*

279 ANTONINVS. AVG. PIVS. P. P. IMP. II. Même tête. ℞. TR. POT. XXI. COS. IIII. S. C. L'Abondance debout à g., tenant 2 épis et un gouvernail posé sur une proue ; à ses pieds, le modius (Manque ; type 1049). GB. TB.

### Antonin et Marc Aurèle

280 ANTONINVS. AVG. PIVS. P. P. TR. P. COS. III. Sa tête nue à dr. ℟. AVRELIVS. CAESAR. AVG. PII. F. COS. Sa tête nue à dr. (13). Or. Très beau, rare. *Pl. V.*

281 Même lég. Tête laurée d'Antonin à dr. ℟. Même lég. avec S. C. Buste nu et drapé de Marc Aurèle à dr. (34). GB. Très beau. *Pl. XVII.*

### Faustine mère

282 DIVA. FAVSTINA. Son buste à dr. ℟. AETERNITAS. L'Eternité voilée debout à g., tenant une patère et un gouvernail (2). Or. Très beau. *Pl. V.*

283 Même droit. ℟. CERES. Cérès voilée debout à g., tenant 2 épis et un flambeau (135). Or. Très beau. *Pl. V.*

284 DIVA. AVG. FAVSTINA. Son buste voilé à dr. ℟. AETERNITAS. Etoile (63 — 30 fr.). Arg. Très beau. *Pl. V.*

285 DIVA. FAVSTINA. Son buste à dr. ℟. AVGVSTA. Type précédent de Cérès (78). Arg. FDC.

286 Même droit. ℟. AETERNITAS. S. C. L'Eternité debout à g., tenant un phénix nimbé et relevant sa robe (12). GB. B.

287 Même droit. ℟. AVGVSTA. S. C. Cérès voilée et couronnée d'épis debout à g., tenant 2 torches (91). GB. B. *Pl. XVII.*

### Marc Aurèle

288 M. ANTONINVS. AVG. GERM. SARM. Son buste lauré, drapé et cuirassé à dr. ℟. DE. SARM. TR. P. XXXI. IMP. VIII. COS. III. P. P. Monceau d'armes (172). Or. Très belle pièce. Rare. *Pl. V.*

289 M. ANTONINVS. AVG. GERM. TR. P. XXIX. Sa tête laurée à dr. ℟. LIBERAL. AVG. VI. IMP. VII. COS. III. La Libéralité debout à g., tenant une tessère et une corne d'abondance (416 var.). Or. TB. *Pl. V.*

290 AVRELIVS. CAESAR. AVG. PII. F. Sa tête nue à dr. ℟. TR. POT. III. COS. II. La Bonne Foi diadémée debout à dr., tenant 2 épis et une corbeille de fruits (625). Or. Très beau. *Pl. V.*

291 Même lég. Son buste nu, drapé et cuirassé à dr. ℟. TR. POT. VII. COS. II. Rome en habit militaire, debout à g., tenant une Victoire et un parazonium (660). Or. TB. *Pl. V.*

292 Même droit. ℟. TR. POT. XV. COS. III. Marc Aurèle dans un quadrige au pas à g. (783 var.). Or. Superbe pièce, très rare. *Pl. V.*

293 M. ANTONINVS. AVG. ARM. PARTH. MAX. Sa tête laurée à dr. ℞. TR. P. XXII. IMP. V. COS. III. Victoire marchant à g., tenant une couronne et une palme (903). Or. FDC. *Pl. V.*

294 M. AVREL. ANTONINVS. AVG. Son buste lauré, drapé et cuirassé à dr. ℞. TR. XXXIII. IMP. X. COS. III. P. P. Marc Aurèle debout à g., sacrifiant sur un trépied (971). Or. Belle. *Pl. V.*

295 Même droit. ℞. TR. P. XXXIIII. IMP. X. COS. III. P. P. La Concorde debout à g., tenant une Victoire et une enseigne (973). Or. TB. *Pl.* V.

296 M. ANTONINVS. AVG. GERM. SARM. Sa tête laurée à dr. ℞. DE. GERM. TR. P. XXXI. IMP. VIII. COS. III. P. P. Monceau d'armes (156). Arg. TB. *Pl. V.*

297 M. ANTONINVS. AVG. TR. P. XXVIII. Son buste lauré, drapé et cuirassé à dr. ℞. IMP. VI. COS. III. Germain assis à dr. au pied d'un trophée (299). Arg. TB.

298 M. ANTONINVS. AVG. TR. P. XXIII. Sa tête laurée à dr. ℞. LIBERAL. AVG. V. COS. III. La Libéralité debout à g. (412). Arg. TB.

299 IMP. M. ANTONINVS. AVG. Son buste nu et cuirassé à dr. ℞. PROV. DEOR. TR. P. XVII. COS. III. La Providence debout à g. (526 var.). Arg. TB.

300 AVRELIVS. CAESAR. AVG. PII. F. Sa tête nue à dr. ℞. TR. POT. VI. COS. II. Génie à g. tenant une patère et une enseigne; à ses pieds, un autel (645). Arg. TB.

301 IMP. CAES. M. AVREL. ANTONINVS. AVG. Sa tête laurée à dr. ℞. TR. POT. XV. COS. III. Marc Aurèle à g., tenant un globe (785 var.). Arg. TB.

302 M. ANTONINVS. AVG. GERM. SARM. Sa tête laurée à dr. ℞. TR. P. XXIX. IMP. VIII. COS. III. Génie nu à g. (917). Arg. TB.

303 IMP. CAES. M. AVREL. ANTONINVS. AVG. P. M. Son buste nu, drapé à dr. ℞. CONCORD. AVGVSTOR. TR. P. XV. COS. III. S. C. Marc Aurèle donnant la main à Vérus (45 var.). GB. B.

304 DIVVS. M. ANTONINVS PIVS. Sa tête nue à dr. ℞. CONSECRATIO. S. C. Aigle volant à dr., enlevant Marc Aurèle (94). GB. TB.

305 IMP. M. ANTONINVS. AVG. TR. P. XXV. Sa tête laurée à dr. ℞. FIDES. EXERCITVVM. COS. III. S. C. La Foi debout à g., tenant une Victoire et une aigle légionnaire (201). GB. B.

306 M. ANTONINVS. AVG. GERM. SARM. TR. P. XXXI. Même tête. ℞. LIBERALITAS. AVG. VII. IMP. VIII. COS. III. P. P. S. C. La Libéralité à g, tenant une tessère et une corne d'abondance (422). GB. B.

307 AVRELIVS. CAESAR. AVG. PII. F. Son buste nu à dr. ℟. PIETAS. TR. POT. III. COS. II. S. C. La Piété debout à g., tenant un sceptre; à ses pieds, un enfant (448). GB. TB. *Pl. XVII.*

308 IMP. M. ANTONINVS. AVG. TR. P. XV. Sa tête laurée à dr. ℟. PRIMI. DECENNALES. COS. III. S. C. dans une couronne (497) GB. TB.

309 IMP. CAES. M. AVREL. ANTONINVS. AVG. P. M. Même tête. ℟. SALVTI. AVGVSTOR. TR. P. XVII. COS. III. S. C. La Santé debout à g., nourrissant un serpent enroulé autour d'un autel et tenant un sceptre (564). GB. Très beau. *Pl. XVII.*

310 AVRELIVS. CAESAR. AVG. PII. F. Sa tête nue à dr. ℟. TR. POT. XIIII. COS. II. S. C. Mars nu marchant à dr., portant une haste et un trophée (760). GB. TB.

311 M. ANTONINVS. AVG. ARM. PARTH. MAX. Sa tête laurée à dr. ℟. TR. POT. XXII. IMP. V. COS. III. S. C. Victoire marchant à g., tenant une couronne et une palme (819). GB. TB.

## Faustine jeune

312 FAVSTINA. AVGVSTA. Son buste à dr. ℟. AVGVSTI. PII. FIL. Diane debout à g., tenant une flèche et un arc (20). Quinaire. Or. Beau et très rare. *Pl. VI.*

313 FAVSTINA. AVG. PII. AVG. FIL. Son buste à g. ℟. CONCORDIA. Colombe à dr. (60). Or. Très belle pièce. *Pl. V.*

314 FAVSTINAE. AVG. PII. AVG. FIL. Son buste diadémé à dr. ℟. LAETITIAE. PVBLICAE. La Joie debout à g., tenant une couronne et un sceptre (156). Or. Très haut relief et superbe. *Pl. VI.*

315 FAVSTINA. AVGVSTA. AVG. PII. F. Son buste à dr. ℟. VENVS. Vénus debout à g., tenant une pomme et un sceptre (244). Or. Très belle. *Pl. VI.*

316 FAVSTINAE. AVG. PII. AVG. FIL. Même buste. ℟. VENVS. Vénus debout à g., tenant une pomme et un gouvernail (261). Arg. TB.

317 DIVA. FAVSTINA. PIA. Son buste à dr. ℟. CONSECRATIO. S. C. Faustine voilée enlevée par un paon volant à dr. (69). GB. Très beau. *Pl. XVII.*

318 FAVSTINA. AVGVSTA. Même buste. ℟. FECVNDITAS. S. C. La Fécondité debout à dr., tenant un sceptre et un enfant (100). GB. B.

319 Même droit. ℟. HILARITAS. S. C. L'Allégresse debout à g., tenant une palme et une corne d'abondance (112). GB. B.

320 Même droit. ℟. VENVS. VICTRIX. S. C. Vénus debout à g., tenant une Victoire et appuyée sur un bouclier (283). GB. TB. *Pl. XVII.*

### Annius Vérus

321 Buste d'enfant à dr., voilé et couronné de roseaux. ℞. S. C. dans une couronne d'olivier (C. VIII. p. 270, 30). PB. TB. *Pl. VI.*

322 Buste d'enfant à dr., couronné de pampre et les épaules couvertes de raisins. ℞. S. C. dans une couronne de pampres et de raisins (C. VIII. p. 270, 31). PB. TB. *Pl. VI.*

### Lucius Vérus

323 IMP. CAES. L. AVREL. VERVS. AVG. Son buste nu à dr. avec l'égide. ℞. CONCORDIAE. AVGVSTOR. TR. P. COS. II. Vérus et Marc Aurèle debout se donnant la main (46). Or. TB. *Pl. VI.*

324 L. VERVS. AVG. ARM. PARTH. MAX. Son buste lauré, drapé et cuirassé à dr. ℞. CONG. AVG. IIII. TR. P. VII. IMP. IIII. COS. III. La Libéralité debout à g., tenant une tessère et une corne d'abondance (52). Or. Très beau. *Pl. VI.*

325 IMP. CAES. L. VERVS. AVG. Son buste nu, drapé et cuirassé à dr. ℞. SALVTI. AVGVSTOR. TR. P. III. COS. II. La Santé debout à g., nourrissant un serpent enroulé autour d'un autel (171). Or. TB. *Pl. VI.*

326 L. VERVS. AVG. ARM. PARTH. MAX. Son buste lauré et cuirassé à dr. vu de dos. ℞. TR. P. VI. IMP. IIII. COS. II. Victoire à demi nue debout de face, regardant à dr., tenant une palme et attachant à un palmier un bouclier avec VIC. PAR. (278). Or. TB. *Pl. VI.*

327 L. VERVS. AVG. Sa tête laurée à dr. ℞. TR. P. VII. COS. III. Victoire marchant à g., tenant une couronne et une palme (289). Quinaire. Or. TB. et très rare. *Pl. VI.*

328 L. VERVS. AVG. ARM. PARTH. MAX. Même tête. ℞. PAX. TR. P. VI. IMP. IIII. COS. II. La Paix debout à g. (126). Arg. FDC.

329 L. AVREL. VERVS AVG. ARMENIACVS. Même tête. ℞. TR. P. IIII. IMP. II. COS. II. S. C. Mars debout à dr., tenant une haste et appuyé sur un bouclier (232). GB. Très beau. *Pl. XVII.*

### Lucille

330 LVCILLA. AVGVSTA. Son buste à dr. ℞. FECVNDITAS. Lucille assise à dr., tenant un enfant sur ses genoux; devant elle, une jeune fille (18). Or. TB. *Pl. VI.*

331 LVCILLAE. AVG. ANTONINI. AVG. F. Même buste. ℞. VENVS. Vénus debout à g., tenant une pomme et un sceptre (69). Or. FDC. *Pl. VI.*

332 LVCILLA. AVGVSTA. Même buste. ℞. IVNONI. LVCINAE. Junon assise à g., tenant une fleur et un enfant (36). Arg. FDC.

333 Même droit. ℞. VENVS. VICTRIX. Vénus à g., tenant une Victoire et appuyée sur un bouclier (90). Arg. TB.

334 Même droit. ℞. VENVS. S. C. Vénus debout à g., tenant une pomme et un sceptre (74). GB. B.

## Commode

335 IMP. L. AVREL. COMMODVS. AVG. GERM. SARM. Son buste lauré et drapé à dr. ℞. DE. GERM. TR. P. II. COS. P. P. Monceau d'armes (89). Or. Très beau et rare. *Pl. VI.*

336 L. AEL. AVREL. COMM. AVG. P. FEL. Son buste lauré à g. avec l'égide. ℞. HERCVLI. ROMANO. AVG. Hercule nu debout à g., couronnant un trophée et portant une massue et la peau de lion (200). Or. Très beau. Rare. *Pl. VI.*

337 M. COMMODVS. ANTON. AVG. PIVS. Son buste lauré et drapé à dr. ℞. P. M. TR. P. VIIII. IMP. VI. COS. IIII. P. P. Jupiter à demi nu assis à g., tenant une Victoire et un sceptre (421). Or. Très belle pièce. *Pl. VI.*

338 COMMODO. CAES. AVG. FIL. GERM. SARM. Son buste nu, drapé à dr. ℞. PRINC. IVVENT. Commode debout à g., tenant un rameau et un sceptre; derrière lui, un trophée (606). Or. Très beau. *Pl. VI.*

339 M. COMMODVS. ANTONINVS. AVG. Son buste lauré, drapé à dr. ℞. SECVRITAS. PVBLICA. TR. P. VI. IMP. IIII. COS. III. P. P. La Sécurité assise à dr., soutenant sa tête et tenant un sceptre (700). Or. Très beau. *Pl. VI.*

340 L. AVREL. COMMODVS. AVG. Même droit. ℞. TR. P. IIII. IMP. III. COS. II. P. P. Mars marchant à dr., portant une haste et un trophée (768). Or. Très jolie pièce à fleur de coin. *Pl. VI.*

341 COMM. ANT. AVG. P. BRIT. Son buste lauré, drapé à dr. ℞. VOT. SVSC. DEC. P. M. TR. P. X. IMP. VII. COS. IIII. P. P. Commode debout à g., sacrifiant sur un trépied (1005 var.). Or. TB. *Pl. VI.*

342 M. COMM. ANT. P. FEL. AVG. BRIT. Sa tête laurée à dr. ℞. FID. EXERC. P. M. TR. P. XI. IMP. VII. COS. V. P. P. Commode debout à g. sur une estrade, haranguant 3 soldats (143). Arg. B. et rare.

343 COMMODO. CAES. AVG. FIL. GERM. SARM. Son buste jeune nu, drapé et cuirassé à dr. ℞. HILARITAS. L'Allégresse debout à g. (216). Arg. TB.

344 M. COMM. ANT. P. FEL. AVG. BRIT. Sa tête laurée à dr. ℞. PATER. SENAT. P. M. TR. P. XII. IMP. VIII. COS. V. P. P. Commode debout à g. (397). Arg. TB.

345 Même légende avec P. P. Son buste lauré, drapé à dr. ℞. P. M. TR. P. XV. IMP. VIII. COS. VI. Victoire marchant à g. (554—40 fr.). Quinaire. Arg. TB. *Pl. V.*

346 L. AVREL. COMMODVS. AVG. TR. P. V. Son buste lauré et cuirassé à dr. ℞. ATVENTVS. AVG. IMP. IIII. COS. II. P. P. S. C. Commode à cheval au pas à dr., levant la main dr. (3). GB. Très beau.

347 IMP. L. AVREL. COMMODVS. AVG. GERM. SARM. Son buste jeune, lauré, drapé et cuirassé à dr. ℞. DE. SARM. TR. P. II. COS. P. P. S. C. Trophée entre 2 captifs (100). GB. B. *Pl. XVII.*

348 M. COMMODVS. ANT. P. FELIX. AVG. BRIT. Sa tête laurée à dr. ℞. FID. EXERCIT. P. M. TR. P. XI. IMP. VII. COS. V. P. P. S. C. Commode debout à g. sur une estrade, haranguant 5 soldats (137). GB. TB. Très rare. *Pl. XVII.*

349 Même droit. ℞. IOVI. IVVENI. P. M. TR. P. XIIII. IMP. VIII. COS. V. P. P. S. C. Jupiter nu debout à g., tenant un foudre et un sceptre; à ses pieds, un aigle (253). GB. Très beau. *Pl. XVIII.*

350 L. AEL. AVREL. COMM. AVG. P. FEL. Son buste nu, drapé à dr. ℞. P. M. TR. P. XVII. IMP. VIII. COS. VII. P. P. S. C. Commode à g., couronné par la Victoire et donnant la main à Sérapis accompagné d'Isis; entre eux, un autel (595). GB. Très belle et rare pièce. *Pl. XVIII.*

## Crispine

351 CRISPINA. AVGVSTA. Son buste à dr. ℞. VENVS. FELIX. Vénus nicéphore assise à g., tenant un sceptre ; sous le siège, une colombe (39). Or. Très belle pièce à fleur de coin, très rare. *Pl. VI.*

352 Même droit. ℞. CONCORDIA. Deux mains jointes (8). Arg. FDC.

353 Même droit. ℞. IVNO. LVCINA. S. C. Junon à g. tenant une patère et un sceptre (24). MB. TB. *Pl. XXI.*

354 Même droit. ℞. VENVS. FELIX. S. C. Vénus nicéphore assise à g. (40). GB. B.

## Pertinax

355 IMP. CAES. P. HELV. PERTIN. AVG. Son buste lauré, drapé à dr. ℞. PROVID. DEOR. COS. II. La Providence debout à g., levant les 2 bras vers un globe radié (39 var.). Or. Magnifique de style et de conservation. *Pl. VI.*

356 Même lég. Sa tête laurée à dr. ℞. LAETITIA. TEMPOR. COS. II. La Joie debout à g., tenant une couronne et un sceptre (20 — 50 fr.). Arg. Très beau. *Pl. VI.*

357 IMP. CAES. P. HELV. PERTINAX. AVG. Même tête. ℞. OPI. DIVIN. TR. P. COS. II. S. C. L'Assistance divine assise à g., tenant 2 épis (34). GB. Très beau et très rare. *Pl. XVIII.*

## Dide Julien

358 IMP. CAES. M. DID. IVLIAN. AVG. Sa tête laurée à dr. ℞. RECTOR. ORBIS. Julien debout à g., tenant un globe (15 — 100 fr.). Arg. Belle et rare. *Pl. VI.*

359 Même lég. Sa tête radiée à dr. ℞. P. M. TR. P. COS. S. C. La Fortune debout à g., tenant un gouvernail et une corne d'abondance (13 — 80 fr.). MB. B. et rare. *Pl. XXII.*

360 IMP. CAES. M. DID. SEVER. IVLIAN. AV. Sa tête laurée à dr. ℞. CONCORD. MILIT. S. C. La Concorde debout à g., tenant deux enseignes (3). GB. TB. *Pl. XVIII.*

## Manlia Scantilla

361 MANL. SCANTILLA. AVG. Son buste à dr. ℞. IVNO. REGINA. Junon voilée debout à g., tenant une patère et un sceptre ; à ses pieds, un paon (2 — 300 fr.). Arg. TB. et très rare. *Pl. VI.*

362 MANLIA. SCANTILLA. AVG. Même buste. ℞. Le précédent avec S. C. (6). GB. TB. Très rare. *Pl. XVIII.*

## Didia Clara

363 DIDIA. CLARA. AVG. Son buste à dr. ℞. HILAR. TEMPOR. L'Allégresse debout a g., tenant une longue palme et une corne d'abondance (2 — 1000 fr.). Or. Très belle pièce de la plus grande rareté. Beau portrait. *Pl. VI.*

364 — La même médaille (3 — 300 fr.). Arg. TB. et très rare. *Pl. VII.*

365 — La même médaille avec S. C. (4). GB. AB. Rare. *Pl. XVIII.*

## Pescennius Niger

366 IMP. CAES. C. PESCEN. NIGER. IV... Sa tête laurée à dr. SAECVLI. FELICITAS. Croissant surmonté de 7 étoiles (64 — 500 fr.). Arg. Très belle pièce de bon style. Extrêmement rare. *Pl. VI.*

367 IMP. CAES. C. PESC. NGER. IVS. M. Même tête. ℞. VICTORIAE. AVG. Victoire debout à g., tenant une couronne et une palme (75 var. — 200 fr.). Arg. Extrêmement beau. *Pl. VI.*

## Albin

368 IMP. CAES. D. CLO. SEP. ALB. AVG. Sa tête laurée à dr. ℞. FI (DES. LE) GION. COS. II. Deux mains jointes sur une aigle légionnaire (25). Arg. FDC.

369 D. CL. SEPT. ALBIN. CAES. Sa tête nue à dr. ℞. PROVID. AVG. COS. La Providence debout à g. (55). Arg. TB.

370 Même droit avec CLOD. ℞. FELICITAS. COS. II. S. C. La Félicité debout à g., tenant un caducée et un sceptre (16). GB. TB. *Pl. XVIII.*

371 Même droit. ℞. SAECVLO. FRVGIFERO. COS. II. S. C. Divinité africaine debout à g., tenant des épis avec un caducée et un trident (71). GB. Beau portrait.

## Septime Sévère

372 L. SEPT. SEV. PERT. AVG. IMP. VIII. Son buste lauré à dr. ℞. ADVENTVI. AVG. FELICISSIMO. Sévère à cheval à dr., levant la main dr. et précédé par un soldat à pied (5). Or. Très beau et rare. *Pl. VII.*

373 L. SEPT. SEV. PERT. AVG. IMP. III. Sa tête laurée à dr. ℞. P. M. TR. P. II. COS. II. P. P. Sévère debout à dr., tenant une haste et recevant un globe que lui présente Jupiter nu qui tient un sceptre (378). Or. Très beau et très rare. *Pl. VII.*

374 L. SEPT. SEV. PERT. AVG. IMP. VIII. Son buste lauré à dr. ℞. P. M. TR. P. IIII. COS. II. P. P. Victoire marchant à g., tenant une couronne et une palme (418 var.). Or. Très beau. *Pl. VII.*

375 SEVERVS. PIVS. AVG. Sa tête laurée à dr. ℞. ADVENT. AVGG. Sévère à cheval à g., précédé d'un soldat (1). Arg. FDC.

376 L. SEPT. SEV. AVG. IMP. XI. MAX. Même tête. ℞. COS. III. P. P. Victoire marchant à g. (100). Arg. TB.

377 SEVERVS. PIVS. AVG. Même tête. ℞. Le précédent (103). Quinaire. Arg. Très beau. Rare. *Pl. V.*

378 Même droit. ℞. INDVLGENTIA. AVGG. IN. CARTH. La déesse de Carthage sur un lion courant à dr. (222). Arg. TB.

379 La Fortune debout (442). — La Fortune assise (461). — Génie sacrifiant (475). Arg. — Ens. 3 p. TB. et FDC.

380 L. SEP. SEVERVS. PER. AVG. P. M. IMP. XI. Sa tête laurée à dr. ℞. SALVTI. AVGG. La Santé assise à g. (642). Arg. FDC.

381 SEVERVS. PIVS. AVG. BRIT. Même tête. ℞. FORT. RED. P. M. TR. P. XIX. COS. III. P. P. S. C. La Fortune assise à g. (155). MB. B.

382 L. SEPT. SEVERVS. PIVS. AVG. Même tête. ℞. P. M. TR. P. XVIII. COS. III. P. P. S. C. Sévère et Caracalla en regard, sacrifiant sur un autel ; derrière l'autel, la Piété debout (560). GB. Très beau et très rare. *Pl. XVIII.*

383 L. SEPT. SEV. PERT. AVG. IMP. V. Même tête. ℞. SAECVLI. FELICITAS. S. C. La Félicité à g., le pied sur une proue, tenant un caducée et une corne d'abondance (630). GB. TB.

## Julie Domne

384 IVLIA. AVGVSTA. Son buste à dr. ℞. HILARITAS. L'Allégresse debout à g., tenant une longue palme et une corne d'abondance (71). Or. Très beau. *Pl. VII.*

385 IVLIA. DOMNA. AVG. Son buste à dr. ℞. VENERI. VICTR. Vénus à demi-nue, vue par derrière, debout à dr., tenant une pomme et une palme et appuyée sur une colonne (193). Or. Très beau. *Pl. VII.*

386 IVLIA. AVGVSTA. Son buste à dr. ℞. IVNO. Junon debout à g. ; à ses pieds, un paon (83). Quinaire. Arg. TB. Très rare. *Pl. VII.*

387 IVLIA. PIA. FELIX. AVG. Son buste diadémé à dr. avec le croissant. ℞. VENVS. GENETRIX. Vénus assise à g. (211). Arg. TB.

388 Même type sans le croissant (212). — VENVS. VICTRIX. Vénus debout à g. (215). Arg. — Ens. 2 p. FDC.

389 IVLIA. AVGVSTA. Son buste à g. ℞. FECVNDITAS. S. C. La Terre couchée à g. sous un cep de vigne et entourée de 4 enfants (38). MB. Très beau. *Pl. XXI.*

390 IVLIA. PIA. FELIX. AVG. Son buste à dr. ℞. MAT. AVGG. MAT. SEN. M. PATR. S. C. Julie assise à g., tenant une branche d'olivier et un sceptre (112). GB. Très beau. *Pl. XVIII.*

## Caracalla

391 ANTONINVS. PIVS. AVG. GERM. Son buste lauré, drapé et cuirassé à dr. ℞. P. M. TR. P. XX. COS. IIII. P. P. Le Soleil montant dans un quadrige à g. (391). Or. Très beau, rare. *Pl. VII.*

392 ANTONINVS. AVGVSTVS. Son buste jeune lauré, drapé et cuirassé à dr. ℞. PONT. TR. P. II. La Sécurité assise à dr. près d'un autel allumé, soutenant sa tête et tenant un sceptre (497). Or. Très beau ; charmant revers. *Pl. VII.*

393 Même droit. ℞. RECTOR. ORBIS. Caracalla nu, debout de face, regardant à g., tenant un globe et une haste renversée (541). Or. TB. *Pl. VII.*

394 ANTONINVS. PIVS. AVG. Son buste jeune lauré, drapé à dr. ℞. INDVLGENTIA. AVGG. IN. CART. La déesse de Carthage sur un lion courant à dr. (97). Arg. TB.

395 Même droit. ℞. PART. MAX. P. M. TR. P. VIIII. Trophée entre 2 captifs (173). Arg. TB.

396 Même lég. Sa tête laurée à dr. ℞. P. M. TR. P. XV. COS. III. P. P. Victoire marchant à g. (204 — 25 fr.). Quinaire. Arg. Très beau et très rare. *Pl. VII.*

397 Même droit. ℞. PONTIF. TR. P. X. COS. II. Caracalla debout entre 3 figures couchées (441). Arg. FDC.

398 La Valeur debout (464). — La Sécurité assise (568). — Instruments de sacrifice (588). Arg. — Ens. 3 p. TB.

399 M. AVREL. ANTONINVS. PIVS. AVG. BRIT. Sa tête laurée à dr. ℞. AEQVITATI. PVBLICAE. S. C. Les trois Monnaies debout à g. avec des balances (11, d'après Vaillant qui en donne une description incomplète). GB. TB. Très rare. *Pl. XVIII.*

400 Même lég. Son buste lauré, cuirassé à dr. ℞. P. M. TR. P. XVI. COS. IIII. P. P. S. C. La Liberté debout à g., tenant un bonnet et un sceptre (229). GB. Très beau. Bon portrait.

401 Même droit. ℞. P. M. TR. P. XVI. IMP. II. COS. IIII. P. P. S. C. Le cirque de Caracalla (236). GB. B. et rare.

402 ANTONINVS. PIVS. AVG. GERM. Son buste lauré à dr. ℞. P. M. TR. P. XX. COS. IIII. P. P. S. C. Lion radié marchant à g. (404 var.). MB. B.

403 M. AVREL. ANTONINVS. PIVS. AVG. BRIT. Même tête. ℞. SECVRITATI. PERPETVAE. S. C. La Sécurité assise à dr. devant un autel (576). GB. Très belle pièce. *Pl. XIX.*

## Plautille

404 PLAVTILLAE. AVGVSTAE. Son buste à dr. ℞. PROPAGO. IMPERI. Plautille debout à dr., donnant la main à Caracalla debout à g. (22). Or. Très beau et très rare. *Pl. VII.*

Cette pièce sera retirée par le propriétaire.

405 — La même pièce (21). Arg. FDC.

## Géta

406 P. SEPT. GETA. CAES. PONT. Son buste jeune, nu et drapé à dr. ℞. CASTOR. Castor à g., tenant son cheval (12). Arg. FDC.

407 P. SEPTIMIVS. GETA. CAES. Même buste. ℞. NOBILITAS. La Noblesse debout à dr., tenant un sceptre et le palladium (93 — 50 fr.). Quinaire. Arg. B. et rare. *Pl. VII.*

408 Même droit. ℞. PONTIF. COS. II. Génie sacrifiant à g. (114). Arg. FDC.

409 P. SEPT. GETA. CAES. PONT. Même buste. ℞. PRINC. IVVENT. Géta en habit militaire à g. (159). Arg. FDC.

410 IMP. CAES. P. SEPT. GETA. PIVS. AVG. Son buste lauré à dr. ℞. PONTIF. TR. P. II. COS. II. S. C. Caracalla et Géta sacrifiant sur un trépied; derrière, un joueur de flûte et une victime (145). GB. Très beau et très rare. *Pl. XIX.*

### Macrin

411 IMP. C. M. OPEL. SEV. MACRINVS. AVG. Son buste lauré, cuirassé à dr. ℞. PONTIF. MAX. TR. P. COS. P. P. La Paix à g., tenant un caducée et une corne d'abondance (65). Arg. FDC. *Pl. VII.*

412 Même lég. Son buste radié et cuirassé à dr. ℞. SECVRITAS. TEMPORVM. La Sécurité assise à g. (126). Arg. TB.

413 IMP. CAES. M. OPEL. SEV. MACRINVS. AVG. Son buste lauré et cuirassé à dr. ℞. IOVI. CONSERVATORI. S. C. Jupiter debout à g., tenant un foudre et un sceptre; devant lui, Macrin debout (39). GB. Très beau. *Pl. XIX.*

### Diaduménien

414 M. OPEL. ANT. DIADVMENIAN. CAES. Son buste nu, drapé à dr. ℞. PRINC. IVVENTVTIS. Le César debout, tenant une enseigne; à dr., 2 enseignes (3). Arg. TB.

415 M. OPEL. ANTONINVS. DIADVMENIANVS. CAES. Son buste nu, drapé et cuirassé à dr. ℞. Le précédent avec S. C. (7). GB. Extrêmement beau et rare. *Pl. XIX.*

### Elagabale

416 IMP. ANTONINVS. PIVS. AVG. Son buste lauré et cuirassé à dr. ℞. LIB. AVG. II. P. M. TR. P. II. COS. II. P. P. Elagabale tenant un parazonium, assis à g. sur une estrade; devant lui, la Libéralité debout, tenant une tessère et une corne d'abondance; plus bas un citoyen montant les degrés (74 var.). Or. TB., rare. *Pl. VII.*

417 Même lég. Son buste lauré, drapé et cuirassé à dr. ℞. P. M. TR. P. IIII. COS. III. P. P. Le Soleil debout de face, incliné vers la g., regardant à dr. et tenant un fouet; dans le champ, une étoile (181). Or. TB. *Pl. VII.*

418 Même lég. Son buste lauré. drapé à dr. ℟. LIBERTAS. AVG. La Liberté debout à g., tenant un bonnet et un sceptre (91). Quinaire. Arg. FDC. Très rare. *Pl. VII.*

419 IMP. CAES. M. AVR. ANTONINVS. AVG. Même droit. ℟. MARS. VICTOR. Mars nu à dr., portant un trophée (112). Arg. FDC.

420 Même lég. Son buste radié, drapé à dr. ℟. P. M. TR. P. COS. P. P. Rome nicéphore assise à g. (125). Arg. FDC.

421 Même droit. ℟. SALVS. ANTONINI. AVG. La Santé à dr. nourrissant un serpent (256). Arg. TB.

422 IMP. CAES. M. AVR. ANTONINVS. PIVS. AVG. Son buste lauré et drapé à dr. ℟. LIBERTAS. AVGVSTI. S. C. La Liberté debout à g.; dans le champ, une étoile (103). GB. B. Troué.

423 Même lég. Son buste radié, drapé et cuirassé à dr. ℟. P. M. TR. P. III. COS. III. P. P. Le Soleil marchant à g. (159). MB. TB.

### Julia Paula

424 IVLIA. PAVLA. AVG. Son buste à dr. ℟. CONCORDIA. La Concorde assise à g., tenant une patère et une corne d'abondance (6). Arg. TB.

425 — La même médaille (7). Quinaire. Arg. à fleur de coin. Extrêmement rare. *Pl. VII.*

426 Même droit. ℟. CONCORDIA. AETERNA. S. C. Elagabale et Paula se donnant la main; entre eux, la Concorde debout de face (15 — 30 fr.). MB. B. *Pl. XXII.*

### Aquilia Sévéra

427 IVLIA. AQVILIA. SEVERA. AVG. Son buste à dr. ℟. CONCORDIA. La Concorde debout à g. près d'un autel, tenant une patère et une double corne d'abondance (2). Arg. B. *Pl. VII.*

428 — La même pièce avec S. C. (4). GB. Retouché, mais TB. *Pl. XIX.*

### Annia Faustina

429 ANNIA. FAVSTINA. AVGVSTA. Son buste diadémé à dr. ℟. CONCORDIA. S. C. Elagabale et Faustine debout, se donnant la main; dans le champ, une étoile (2—2.000 fr.). GB. De très bonne conservation, mais un peu piquée, probablement par le nettoyage. De la plus grande rareté. *Pl. XIX.*

## Soémias

430 IVLIA SOAEMIAS. AVG. Son buste à dr. ℞. VENVS. CAELESTIS. Vénus assise à g., tenant une pomme et un sceptre; à ses pieds, un enfant (14). Arg. TB.

431 Même lég. Son buste diadémé à dr. ℞. Même lég. avec S. C. Vénus debout à g., tenant une pomme et un sceptre; dans le champ, une étoile (11). GB. TB.

## Maesa

432 IVLIA. MAESA. AVG. Son buste diadémé à dr. ℞. PVDICITIA. La Pudeur assise à g. (36). Arg. FDC.

433 Même lég. Son buste à dr. ℞. SAECVLI. FELICITAS. La Félicité debout à g., sacrifiant sur un autel et tenant un caducée (46). Quinaire. Arg. à fleur de coin. Extrêmement rare. *Pl. VII.*

434 — La même pièce avec S. C. Dans le champ, une étoile (47). GB. Très beau. *Pl. XIX.*

## Alexandre Sévère

435 IMP. C. M. AVR. SEV. ALEXAND. AVG. Son buste lauré, drapé à dr. ℞. AEQVITAS. AVG. L'Equité debout à g., tenant une balance et une corne d'abondance (8). Or. Très belle pièce de haut relief. *Pl. VII.*

436 M. AVR. ALEXANDER. CAES. Son buste nu, drapé à dr. ℞. INDVLGENTIA. AVG. L'Espérance marchant à g. tenant une fleur et relevant sa robe (65 — 20 fr.). Arg. TB.

437 Mars à g. (207). — Jupiter à g. (229). — Mars à dr. (305). Arg. — Ens. 3 p. TB.

438 Alexandre debout (401). — Le Soleil à g. (440). — La Prévoyance debout (508). Arg. — Ens. 3 p. TB.

439 IMP. SEV. ALEXANDER. AVG. Son buste lauré, drapé et cuirassé à dr. ℞. ADLOCVTIO. AVGVSTI. S. C. Alexandre, debout à g. sur une estrade, accompagné de deux personnages et haranguant trois soldats (4). GB. TB. Rare. *Pl. XIX.*

440 IMP. ALEXANDER. PIVS. AVG. Son buste lauré, drapé à dr. ℞. MARS. VLTOR. S. C. Mars marchant à dr. (163). GB. B.

441 IMP. SEV. ALEXANDER. AVG. Son buste lauré à dr. ℞. P. M. TR. P. VIII COS. III. P. P. S. C. Alexandre dans un quadrige au pas à dr., tenant un sceptre (377). GB. B. *Pl. XIX.*

442 — Autre; son buste radié à dr. (380). MB. TB. *Pl. XXII.*

443 M. AVR. ALEXANDER. CAES. Son buste nu, drapé à dr. ℟. PONTIFEX. COS. S. C. Le précédent (459 — 50 fr.). MB. TB. Rare. *Pl. XXII.*

444 IMP. CAES. M. AVR. SEV. ALEXANDER. AVG. Son buste lauré, drapé à dr. ℟. PROVIDENTIA. DEORVM. S. C. La Providence à g. (513). GB. TB.

445 IMP. ALEXANDER. PIVS. AVG. Son buste lauré à dr. ℟. SPES. PVBLICA. S. C. L'Espérance marchant à g. (550). MB. TB.

446 IMP. SEV. ALEXANDER. AVG. Son buste lauré à dr. ℟. VICTORIA. AVGVSTI. S. C. Victoire à dr., écrivant VOT. X. sur un bouclier attaché à un palmier (567). GB. B.

## Orbiane

447 SALL. BARBIA. ORBIANA. AVG. Son buste diadémé à dr. ℟. CONCORDIA. AVGG. La Concorde assise à g., tenant une patère et une double corne d'abondance (1). Arg. TB. *Pl. VII.*

448 Même droit. ℟. CONCORDIA. AVGVSTORVM. S. C. Alexandre debout à dr., donnant la main à Orbiane (6). GB. TB. *Pl. XIX.*

## Mamée

449 La Félicité debout (17). — Junon debout à g.; un paon à ses pieds (35). Arg. — Ens. 2 p. TB.

450 IVLIA. MAMAEA. AVGVSTA. Son buste diadémé à dr. ℟. FECVNDITAS. AVGVSTAE. S. C. La Fécondité à g.; à ses pieds, un enfant (8). GB. TB.

451 Même droit. ℟. VENERI. FELICI. S. C. Vénus debout à dr., tenant un sceptre et Cupidon (62). GB. TB.

452 Même droit. ℟. VENVS. FELIX. S. C. Vénus assise à g., tenant une statuette et un sceptre (70). MB. B.

## Maximin I

453 La Paix debout (31). — Maximin debout (46, 56). Arg. — Ens. 3 p. TB. et FDC.

454 Même type (64, 70). — La Providence (75). Arg. — Ens. 3 p. TB. et FDC.

455 MAXIMINVS. PIVS. AVG. GERM. Son buste lauré, drapé à dr. ℟. VICTORIA. GERM. Victoire à g. entre 2 captifs (107). Arg. FDC.

456 IMP. MAXIMINVS. PIVS. AVG. Même buste. ℟. FIDES. MILITVM. S. C. La Foi à g., tenant deux enseignes (10). GB. TB.

457 Même droit. ℞. MARTI. PACIFERO. S. C. Mars à g., tenant une branche d'olivier et une haste (28). GB. TB.

458 MAXIMINVS. PIVS. AVG. GERM. Même buste. ℞. PAX. AVGVSTI. S. C. La Paix debout à g. (39). MB. TB.

459 IMP. MAXIMINVS. PIVS. AVG. Même buste. ℞. P. M. TR. P. II. COS. P. P. S. C. Maximin à g. entre trois enseignes, tenant un sceptre (58). GB. TB.

460 Même droit. ℞. PROVIDENTIA. AVG. S. C. La Providence à g. tenant une baguette et une corne d'abondance (80). GB. Très beau.

461 MAXIMINVS. PIVS. AVG. GERM. Même buste. ℞. VICTORIA. GERMANICA. S. C. Victoire debout à g.; à ses pieds, un captif (109). GB. B.

## Pauline

462 DIVA. PAVLINA. Son buste voilé à dr. ℞. CONSECRATIO. Pauline tenant un sceptre, assise à g. sur un paon qui l'enlève au ciel (2). Arg. Très beau. *Pl. VII.*

463 — La même médaille avec S. C. (3). GB. TB. *Pl. XX.*

## Maxime

464 IVL. VERVS. MAXIMVS. CAES. Son buste nu, drapé à dr. ℞. PIETAS. AVG. Instruments de sacrifice (1). Arg. FDC. *Pl. VII.*

465 MAXIMVS. CAES. GERM. Même buste. ℞. PRINC. IVVENTVTIS. Maxime debout à g.; derrière lui, 2 enseignes (10). Arg. FDC. *Pl. VII.*

466 Même droit. ℞. PIETAS. AVG. S. C. Instruments de sacrifice (8). MB. B.

467 Même droit. ℞. PRINCIPI. IVVENTVTIS. S. C. Maxime debout à g.; derrière lui, 2 enseignes (14). GB. TB.

## Gordien d'Afrique père

468 IMP. M. ANT. GORDIANVS. AFR. AVG. Son buste lauré, drapé à dr. ℞. P. M. TR. P. COS. P. P. Gordien debout à g., tenant un rameau et un sceptre (2). Arg. FDC. Rare. *Pl. VII.*

469 Même droit. ℞. SECVRITAS. AVGG. La Sécurité assise à g., tenant un sceptre (10). Arg. FDC. Rare. *Pl. VII.*

470 IMP. CAES. M. ANT. GORDIANVS. AFR. AVG. Même buste. ℞. PROVIDENTIA. AVGG. S. C. La Providence à g., appuyée à une colonne (6). GB. TB. Rare. *Pl. XX.*

### Gordien d'Afrique fils

471 IMP. M. ANT. GORDIANVS. AFR. AVG. Son buste lauré, drapé à dr. ℞. PROVIDENTIA. AVGG. La Providence à g., appuyée à une colonne (5). Arg. FDC. Rare. *Pl. VII.*

472 Même droit. ℞. VIRTVS. AVGG. La Valeur casquée debout à g., appuyée sur un bouclier et tenant une haste (14). Arg. FDC. Rare. *Pl. VIII.*

473 IMP. CAES. M. ANT. GORDIANVS. AFR. AVG. Même buste. ℞. ROMAE. AETERNAE. S. C. Rome nicéphore assise à g. sur un bouclier (9). GB. Très beau et rare. *Pl. XX.*

### Balbin

474 IMP. C. D. CAEL. BALBINVS. AVG. Son buste lauré, drapé et cuirassé à dr. ℞. LIBERALITAS. AVGVSTORVM. La Libéralité debout à g. (10). Arg. FDC.

475 Même droit. ℞. P. M. TR. P. COS. II. P. P. Balbin debout à g., tenant un laurier et un sceptre (20). Arg. FDC.

476 Même droit. ℞. VICTORIA. AVGG. Victoire à g. (27). Arg. FDC.

477 IMP. CAES. D. CAEL. BALBINVS. AVG. Même buste. ℞. CONCORDIA. AVGG. S. C. La Concorde assise à g., tenant une patère et une double corne d'abondance (4). GB. Très belle pièce. *Pl. XX.*

478 Même droit. ℞. LIBERALITAS. AVGVSTORVM. S. C. La Libéralité debout à g., tenant une tessère et une corne d'abondance (11). GB. TB.

479 Même droit. ℞. PROVIDENTIA. DEORVM. S. C. La Providence à g., indiquant un globe avec sa baguette et tenant une corne d'abondance (24). GB. Très beau. *Pl. XX.*

480 Même droit. ℞. VICTORIA. AVGG. S. C. Victoire de face, regardant à g., tenant une couronne et une palme (30 — 70 fr.). MB. TB. *Pl. XXII.*

### Pupien

481 IMP. CAES. PVPIEN. MAXIMVS. AVG. Son buste radié, drapé et cuirassé à dr. ℞. CARITAS. MVTVA. AVGG. Deux mains jointes (3). Arg. TB.

482 IMP. C. M. CLOD. PVPIENVS. AVG. Même buste. ℞. PAX. PVBLICA. La Paix assise à g. (22). Arg. FDC.

483 IMP. CAES. PVPIEN. MAXIMVS. AVG. Même droit. ℞. CONCORDIA. AVGG. S. C. La Concorde assise à g., tenant une patère et une double corne d'abondance (9 — 80 fr.). MB. TB. *Pl. XXII.*

484 IMP. CAES. M. CLOD. PVPIENVS. AVG. Même buste. ℟. LIBERALITAS. AVGVSTORVM. S. C. La Libéralité debout à g., tenant une tessère et une corne d'abondance (15). GB. Très beau. *Pl. XX.*

485 Même droit. ℟. PAX. PVBLICA. S. C. La Paix assise à g., tenant une branche d'olivier et un sceptre transversal (23). GB. Très beau. *Pl. XX.*

## Gordien Pie

486 IMP. GORDIANVS. PIVS. FEL. AVG. Son buste lauré et drapé à dr. ℟. AETERNITATI. AVG. Le Soleil radié, à demi-nu, debout à g., levant la main dr. et tenant un globe (37). Or. FDC. *Pl. VIII.*

487 M. ANT. GORDIANVS. CAES. Son buste nu, drapé à dr. ℟. PIETAS. AVGG. Instruments de sacrifice (182 — 20 fr.). Arg. FDC. *Pl. VIII.*

488 Gordien à cheval à g. (234). — Apollon assis à g. (250 et 272). — Mars à dr. (280). Arg. — Ens. 4 p. TB. et FDC.

489 IMP. C. M. ANT. GORDIANVS. AVG. Son buste lauré à dr. ℟ VICTORIA. AVG. Victoire à g., tenant une couronne et une palme (361). Quinaire. Arg. TB. Rare. *Pl. VIII.*

490 IMP. GORDIANVS. PIVS. FEL. AVG. Même droit. ℟. AETERNITATI. AVG. S. C. Le Soleil à g. (43). GB. TB.

491 IMP. CAES. M. ANT. GORDIANVS. AVG. Même buste. ℟. CONCORDIA. AVG. S. C. La Concorde assise à g., tenant une patère et une double corne d'abondance (51). GB. TB.

492 IMP. GORDIANVS. PIVS. FEL. AVG. Même buste. ℟. FELICITAS. AVG. S. C. La Félicité à g., tenant un caducée et une corne d'abondance (76). GB. TB.

493 Même droit. ℟. IOVIS. STATOR. S. C. Jupiter debout, tenant un sceptre et un foudre (116). GB. TB.

494 Même droit. ℟ P. M. TR. P. III. COS. II. P. P. S. C. Gordien debout à dr., tenant une haste transversale et un globe (244). GB. B.

495 IMP. CAES. M. ANT. GORDIANVS. AVG. Même buste. ℟. VICTORIA. AVG. S. C. Victoire marchant à g., tenant une couronne et une palme (358). GB. TB.

## Tranquilline

496 SABINIA. TRANQVILLINA. AVG. Son buste diadémé à dr. avec le croissant. ℟. CONCORDIA. AVGG. Gordien debout à dr., donnant la main à Tranquilline (4. — 800 fr.). Arg. Très beau et extrêmement rare. *Pl. VIII.*

497 CABEINA. TPANKYΛΛEINA. Son buste diadémé à dr. ℟. ΠEPIN-ΘIΩN. B. NEΩKOP. La Concorde à g., sacrifiant sur un autel. *Périnthe*. MB. B. Rare.

### Philippe père

498 Philippe à cheval à g. (3). — 4 enseignes (50). — La Libéralité à g. (87). Arg. — Ens. 3 p. FDC.

499 IMP. C. M. IVL. PHILIPPVS. P. F. AVG. P. M. Son buste radié à dr. ℟. PAX. FVNDATA. CVM. PERSIS. La Paix à g. (113). Arg. TB.

500 Philippe assis (120). — La Paix debout (124 et 136). — Mars debout (145). — Cerf à dr. (182). Arg. — Ens. 5 p. TB.

501 IMP. M. IVL. PHILIPPVS. AVG. Son buste lauré, drapé à dr. ℟. LAET. FVNDATA. S. C. La Joie à g., tenant une couronne et un gouvernail (73). GB. TB.

502 Même droit. ℟. LIBERALITAS. AVGG. II. S. C. La Libéralité debout à g., tenant une tessère et une corne d'abondance (88). GB. B.

503 Même droit. ℟. SAECVLARES. AVGG. S. C. Cippe avec COS. III (196). MB. B.

504 Même droit. ℟. SECVRIT. ORBIS. S. C. La Sécurité assise à g., tenant un sceptre et soutenant sa tête (216). GB. TB.

505 Même droit. ℟. VICTORIA. AVG. S. C. Victoire marchant à dr., tenant une couronne et une palme (228). GB. TB.

### Otacilie

506 Junon à g. (20). — La Pudeur assise (53). Arg. — Ens. 2 p. TB.

507 OTACILIA. SEVERA. AVG. Son buste diadémé à dr. ℟. CONCORDIA. AVGG. S. C. La Concorde assise à g. (5). GB. TB.

508 MARCIA. OTACIL. SEVERA. AVG. Même buste. ℟. SAECVLARES. AVGG. S. C. Cippe (69). MB. TB.

### Philippe fils

509 M. IVL. PHILIPPVS. CAES. Son buste nu, drapé à dr. ℟. PRINCIPI. IVVENT. Philippe en habit militaire debout à dr., tenant un globe et une haste transversale (52—600 fr.). Or. Très beau. Rare. *Pl. VIII.*

510 IMP. PHILIPPVS. AVG. Son buste radié à dr. ℟. LIBERALITAS. AVGG. III. Les 2 Philippe assis (17). Arg. TB.

511 La Paix debout (34). — Philippe debout (57). — Mars à dr. (88). Arg. — Ens. 3 p. TB. et FDC.

512 M. IVL. PHILIPPVS. CAES. Son buste nu, drapé à dr. ℟. PRINCIPI. IVVENT. S. C. Philippe debout à g. (49). GB. B.

513 — Autre. Philippe marchant à dr. (55). GB. TB.

514 IMP. M. IVL. PHILIPPVS. AVG. Son buste lauré, drapé à dr. ℞. SAECVLARES. AVGG. S. C. Chèvre à g. (73). GB. TB.

## Pacatien

515 IMP. TI. CL. MAR. PACATIANVS. AVG. Son buste radié, drapé à dr. ℞. PAX. AETERNA. La Paix debout à g., tenant une branche d'olivier et un sceptre transversal (6 varié. — 500 fr.) Arg. Très beau et extrêmement rare. *Pl. VIII.*

## Trajan Dèce

516 IMP. C. M. Q. TRAIANVS. DECIVS. AVG. Son buste lauré, drapé et cuirassé à dr. ℞. ADVENTVS. AVG. Décius à cheval à g., levant la main dr. et tenant un sceptre (3). Or. Superbe pièce à fleur de coin. Rare. *Pl. VIII.*

517 La Dacie à g. (16). — Les 2 Pannonies (81). — La Valeur assise (123). Arg. — Ens. 3 p. TB. et FDC.

518 IMP. C. M. Q. TRAIANVS. DECIVS. AVG. Son buste lauré à dr. ℞. DACIA. S. C. La Dacie debout à g. (18). GB. B.

519 — Autre; la Dacie tient une enseigne (29). MB. TB.

520 Même droit. ℞. GENIVS. EXERC. ILLYRICIANI. S. C. Génie à g., derrière lui, une enseigne (53). GB. Très beau.

521 Même droit. ℞. S. C. Mars debout à g. (102). PB. TB.

## Etruscille

522 HER. ETRVSCILLA. AVG. Son buste diadémé à dr. avec le croissant. ℞. PVDICITIA. AVG. La Pudeur debout à g. (17). Arg. TB.

523 HERENNIA. ETRVSCILLA. AVG. Son buste diadémé à dr. ℞. Même lég. S. C. La Pudeur assise à g. (22). GB. TB.

## Hérennius

524 Mains jointes (4). — Hérennius debout à g. (26). Arg. — Ens. 2 p. FDC.

525 IMP. C. Q. HER. ETR. MES. DECIO. AVG. Son buste radié à dr. ℞. VICTORIA. GERMANICA. Victoire courant à dr. (41 — 20 fr.). Arg. TB.

526 Q. HER. ETR. MES. DECIVS. NOB. C. Son buste nu, drapé à dr. ℞. PIETAS. AVGG. S. C. Mercure debout à g. (13). MB. TB.

527 Même droit. ℞. PRINC. IVVENT. S. C. Apollon assis à g., accoudé à une lyre (21 var.). GB. B.

528 Même droit. ℞. PRINCIPI. IVVENTVTIS. S. C. Hérennius à g., tenant une baguette et une haste transversale (28). GB. Très beau.

## Hostilien

529 C. VALENS. HOSTIL. MES. QVINTVS. N. C. Son buste radié, drapé à dr. ℞. MARS. PROPVG. Mars combattant à dr. (13). Arg. TB. *Pl. VIII.*

530 IMP. C. MES. QVINTVS. AVG. Même buste. ℞. SECVRITAS. AVGG. La Sécurité à dr. (58). Arg. TB.

531 C. VALENS. HOSTIL. MES. QVINTVS. N. C. Son buste nu, drapé à dr. ℞. PRINCIPI. IVVENTVTIS. S. C. Hostilien debout à g. (35). GB. B.

## Trébonien Galle

532 IMP. CAE. C. VIB. TREB. GALLVS. AVG. Son buste lauré et drapé à dr. ℞. P. M. TR. P. IIII. COS. II. L'empereur debout à g., tenant une branche de laurier et un sceptre transversal (92 — 400 fr.). Or. Très belle pièce. Rare. *Pl. VIII.*

533 La Liberté à g. (67). — Mars à g. (71). Arg. — Ens. 2 p. TB.

534 IMP. CAES. C. VIBIVS. TREBONIANVS. GALLVS. AVG. Son buste lauré, drapé à dr. ℞. IVNONI. MARTIALI. S. C. Temple rond tétrastyle, avec la statue de Junon (54). GB. Très beau. *Pl. XX.*

535 Même droit. ℞. PIETAS. AVGG. S. C. La Piété voilée debout à g., levant les deux mains (86). GB. Très beau. *Pl. XX.*

536 Même droit. ℞. ROMAE. AETERNAE. S. C. Rome nicéphore assise à g. sur un bouclier (106). GB. TB.

## Volusien

537 IMP. C. C. VIB. VOLVSIANVS. AVG. Son buste radié à dr. ℞. FELICITAS. PVBL. La Félicité à g. (32). Arg. TB.

538 C. VIVIO. VOLVSIANO. CAES. Son buste nu, drapé à dr. ℞. PRINCIPI. IVVENTVTIS. S. C. Volusien debout à g., tenant un globe et un sceptre (103 var.). GB. Très beau. *Pl. XX.*

## Emilien

539 IMP. CAES. AEMILIANVS. P. F. AVG. Son buste radié à dr. ℞. P. M. TR. P. I. P. P. Emilien debout (33). Arg. FDC.

540 Même lég. Son buste lauré à dr. ℞. APOLL. CONSERVAT. S. C. Apollon nu, debout à g. (3 var.). GB. TB.

541 Même lég. Son buste radié à dr. ℞. P. M. TR. P. I. P. P. S. C. Emilien sacrifiant à g. près d'une enseigne (37 — 60 fr.). MB. Très beau. Rare. *Pl. XXII.*

542 Même lég. Son buste lauré à dr. ℞. VIRTVS. AVG. S. C. La Valeur à g., le pied sur un casque, tenant un rameau et une haste (62). GB. Extrêmement beau. Rare. *Pl. XX.*

## Cornélia Supéra

543 C. CORNEL. SVPERA. AVG. Son buste à dr. sur le croissant. ℞. VESTA. Vesta debout à g., tenant une patère et un sceptre transversal (5 — 400 fr.). Arg. TB. Extrêmement rare. *Pl. VIII.*

## Valérien père

544 IMP. C. P. LIC. VALERIANVS. AVG. Son buste lauré, drapé à dr. ℞. VICTORIA. AVGG. Victoire debout à g., appuyée sur son bouclier et tenant une palme (220 — 350 fr.). Or. Fleur de coin. Rare. *Pl. VIII.*

545 Même droit. ℞. IOVI. CONSERVATORI. Jupiter nu debout à g., tenant un foudre et un sceptre (93 — 25 fr.). Quinaire. Bill. TB. Rare. *Pl. VIII.*

546 IMP. VALERIANVS. AVG. Son buste radié à dr. ℞. P. M. TR. P. V. COS. IIII. P. P. Valérien et Gallien debout (169). Bil. FDC.

547 IMP. C. P. LIC. VALERIANVS. P. F. AVG. Même buste. ℞. RELIGIO. AVGG. Diane debout à g. (178 — 12 fr.). Bil. TB.

548 La Foi militaire (65). — Le Soleil à g. (143). — Valérien relevant une femme (183). Bil. — Ens. 3 p. TB. et FDC.

549 IMP. C. P. LIC. VALERIANVS. AVG. Son buste lauré, cuirassé à dr. ℞. VICTORIA. AVGG. S. C. Victoire à g. (234 var.). GB. Très beau.

## Mariniane

550 DIVAE. MARINIANE. Son buste voilé à dr. sur le croissant. ℞. CONSECRATIO. Paon éployé de face (5). Très beau.

551 Même droit. ℞. Même lég. Paon volant à dr. et enlevant Mariniane (16). Bill. TB.

## Gallien

552 GALLIENVS. AVG. Sa tête radiée à g. ℞. ADVENTVS. AVG. Gallien à cheval au pas à g., levant la main dr. et tenant une haste (13 — 200 fr.). Or. Superbe pièce à fleur de coin. *Pl. VIII.*

553 Même lég. Son buste radié et cuirassé à dr. ℞. VICTORIA. AVG. III. Victoire marchant à g., tenant une couronne et une palme; dans le champ T (1116). Or. Fleur de coin. *Pl. VIII.*

554 Même lég. Sa tête radiée à dr. ℞. VIRTVS. AVG. Mars debout à g., tenant un globe et un sceptre; dans le champ P (1220). Or. TB. *Pl. VIII.*

555 Même lég. Son buste radié et cuirassé à dr. ℞. LEG. XXX. UP. VVI. P. VI. F. Neptune debout à dr., tenant un trident et un dauphin (553 — 15 fr.). Bil. B.

556 Même lég. Son buste lauré, cuirassé à dr. ℞. VICTORIA. AVG. Victoire debout à g., tenant une couronne et une palme (Manque). Quinaire. Bil. TB. Très rare. *Pl. VIII.*

557 Le Soleil à dr. (35). — L'Espérance (322 et 323). — Le Soleil à g. (806). — La Providence (859). Bil. et PB. — Ens. 5 p. B. et TB.

558 Trophée entre 2 captifs (308, 310 et 314). Bil. — Ens. 3 p. TB.

559 Capricorne (447). — Louve (472). — Lion à dr. (527 var.). Bill. — Ens. 3 p. B. et TB.

560 IMP. C. P. LIC. GALLIENVS. AVG. Son buste lauré à dr. avec l'égide. ℞. CONCORDIA. EXERCIT. S. C. La Concorde debout à g., tenant une patère et une corne d'abondance (132). GB. TB. *Pl. XX.*

561 GENIVS. P. R. Tête radiée et tourelée de Gallien à dr. ℞. INT. VRB. S. C. dans une couronne de laurier (334). GB. AB.

562 IMP. C. P. LIC. GALLIENVS. P. F. AVG. Son buste lauré, cuirassé à dr. ℞. LIBERALITAS. AVGG. S. C. La Libéralité debout à g. (572). GB. TB.

## Salonine

563 SALONINA. AVG. Son buste à dr. sur le croissant. ℞. IVNO. REGINA. Junon debout à g. (60). Bil. TB.

564 CORNELIA. S[ALONINA]. AVG. Son buste diadémé à dr. ℞. PIETAS. AVGG. S. C. La Piété assise à g., tendant la main à deux enfants (86). GB. B.

## Salonin

565 P. COR. SAL. VALERIANVS. CAES. Son buste radié, drapé à dr. ℞. DII. NVTRITORES. Jupiter présentant une Victoire à Salonin (21 — 20 fr.) Bil. TB. Rare. *Pl. VIII.*

566 P. C. L. VALERIANVS. NOB. CAES. Son buste nu, drapé à dr. ℞. PRINCIPI. IVVENTVTIS. Salonin debout à g. (80 — 30 fr.). Quinaire. Bil. TB. Rare. *Pl. VIII.*

567 Jupiter sur la chèvre (26). — Autel (13). Bil. — Ens. 2 p. TB. et FDC.

## Valérien jeune

568 VALERIANVS. P. F. AVG. Son buste radié, drapé à dr. ℞. ORIENS. AVGG. Le Soleil à g. (6). Bil. TB.

### Macrien jeune

569 IMP. C. FVL. MACRIANVS. P. F. AVG. Son buste radié, cuirassé à dr. ℞. INDVLGENTIAE. AVG. L'Indulgence assise à g. (6 — 30 fr.) Bil. B. Rare.

### Quiétus

570 IMP. C. FVL. QVIETVS. P. F. AVG. Son buste radié, drapé à dr. ℞. SPES. PVBLICA. L'Espérance debout à g. (14 — 30 fr.) Bil. Très beau et rare.

### Postume

571 POSTVMVS. AVG. Son buste casqué et cuirassé à g., le casque orné du bige de la Victoire. ℞. PROVIDENTIA. AVG. La Providence debout à g., les jambes croisées, indiquant un globe avec une baguette, tenant une corne d'abondance et s'appuyant sur une colonne (302). Or. Magnifique pièce, d'un style superbe. Extrêmement rare. *Pl. VIII.*

572 IMP. C. POSTVMVS. P. F. AVG. Son buste lauré et cuirassé à g. ℞. VICTORIA. AVG. Victoire tenant un fouet dans un bige au galop à dr. (397 var.). Or. Très beau et très rare. *Pl. VIII.*

573 POSTVMVS. PIVS. FELIX. AVG. Son buste lauré, cuirassé à dr., accolé au buste lauré d'Hercule. ℞. HERCVLI. GADITANO. Hercule nu à dr., combattant le triple Géryon (121 — 250 fr.). Bil. Très beau et très rare. *Pl. VIII.*

574 Même droit. ℞. HERCVLI. INVICTO. Hercule nu à g., dépouillant la reine des Amazones terrassée, et tenant de la g. sa massue et la peau de lion (123 — 150 fr.). Bil. Très beau et très rare. *Pl. VIII.*

575 POSTVMVS. AVG. Son buste radié à g. avec la massue. ℞. PAX. AVG. La Paix à g. (218). Bill. Très beau.

576 IMP. C. POSTVMVS. P. F. AVG. Son buste radié à dr. ℞. P. M. TR. P. VIIII. COS. IIII. P. P. Arc, massue et carquois (281). Bill. Très beau.

577 Même droit. ℞. SALVS. AVG. Esculape de face (336). Bil. TB.

578 Victoire à dr. (30 et 144). — Postume debout (243 et 251). — Mars à dr. (273). — Victoire à g. (377). Bil. — Ens. 6 p. TB. et FDC.

579 IMP. C. POSTVMVS. P. AV. Son buste radié à dr. ℞. GERMANICVS. MAX. V. Trophée (87). MB. TB.

### Lélien

580 IMP. C. VLP. CORN. LAELIANVS. Son buste radié, drapé à dr. ℞. VICTORIA. AVG. Victoire courant à dr. (6 — Bil. 50 fr.). PB. TB. Rare.

### Victorin

581 L'Equité à g. (8). — La Foi militaire (34 et 36). PB. — Ens. 3 p. TB.

### Marius

582 IMP. C. MARIVS. P. F. AVG. Son buste radié à dr. ℞. SAEC. FELICITAS. La Sécurité à g. (13). PB. FDC.

583 IMP. C. M. AVR. MARIVS. AVG. Même buste. ℞. VICTORIA. AVG. Victoire courant à dr. (20). PB. TB.

584 Même droit. ℞. VIRTVS. AVG. Soldat debout à g. (22). PB. Très beau.

### Tétricus père

585 IMP. C. TETRICVS. P. F. AVG. Son buste lauré et cuirassé à dr. ℞. P. M. TR. P. II. COS. P. P. Tétricus nu-tête, en habit militaire, debout à dr., tenant un sceptre transversal et un globe (128). Or. Très belle et très rare. *Pl. VIII.*

586 L'Espérance à g. (170). — La Valeur à g. (207). PB. — Ens. 2 p. TB.

### Tétricus fils

587 C. PIV. ESV. TETRICVS. CAES. Son buste radié à dr. ℞. SPES. AVGG. L'Espérance à g. (87 — 12 fr.). Bill. TB.

### Claude II

588 IMP. CLAVDIVS. P. F. AVG. Son buste lauré, drapé et cuirassé à dr. ℞. VICTORIA. AVG. Victoire marchant à g., tenant une couronne et une palme (300 — 900 fr.). Or. Extrêmement belle et d'une très grande rareté. *Pl. VIII.*

589 L'Abondance à g. (22). — La Félicité (79). — La Fortune (98). — Claude debout (214). PB. — Ens. 4 p. B.

### Quintille

590 Mars à g. (49). — La Fertilité (69). PB. — Ens. 2 p. B. et TB.

### Aurélien

591 IMP. AVRELIANVS. AVG. Son buste radié, drapé et cuirassé à dr. ℞. FORTVNA. REDVX. La Fortune, tenant un gouvernail et une corne d'abondance, assise à g. sur une roue ; à l'exergue P et étoile (94). Or. TB. Rare. *Pl. VIII.*

592 IMP. C. AVRELIANVS. AVG. Même buste. ℞. P. M. TB. (*sic*). P. VII. COS. II. P. P. Mars nu, marchant à dr., portant une haste et un trophée (179). Or. Très beau. Rare. *Pl. VIII.*

593 — IMP. AVRELIANVS. AVG. Son buste lauré et cuirassé, à dr. ℞. VIRTVS. AVG. Même type de Mars (262). Or. Très beau. Rare. *Pl. VIII.*

594 Aurélien et Sévérine debout (60). — Aurélien et Jupiter (105). — Le Soleil entre 2 captifs (158). — Aurélien et un soldat (286). PB. — Ens. 4 p. B. et TB.

595 IMP. AVRELIANVS. AVG. Son buste lauré, cuirassé à dr. ℞. CONCORDIA. AVG. Sévérine et Aurélien se donnant la main (35). MB. TB. *Pl. XXII.*

### Sévérine

596 La Concorde militaire (8). — Vénus debout à g. (14). PB. — Ens. 2 p. TB.

597 SEVERINA. AVG. Son buste à dr. ℞. IVNO. REGINA. Junon debout à g. à ses pieds, un paon (9). MB. TB.

### Vabalathe et Aurélien

598 VABALATHVS. VCRIMDR. Son buste lauré, drapé à dr. ℞. IMP. C. AVRELIANVS. AVG. Son buste radié, cuirassé à dr. (1). PB. B.

### Tacite

599 IMP. C. M. CLA. TACITVS. AVG. Son buste lauré, drapé et cuirassé à dr. ℞. ROMAE. AETERNAE. Rome assise à g., tenant un globe et une haste (121). Or. TB. *Pl. IX.*

600 Tacite et Jupiter (25). — La Concorde et le Soleil (94). — La Fertilité (148). PB. — Ens. 3 p. TB.

### Florien

601 IMP. C. FLORIANVS. AVG. Son buste radié à dr. ℞. AEQVITAS. AVG. L'Equité debout à g. (1). PB. TB.

### Probus

602 IMP. C. M. AVR. PROBVS. P. AVG. Son buste lauré et cuirassé à g. avec l'égide. ℞. CONSERVAT. AVG. Le Soleil radié à demi-nu debout de face, regardant à g., levant la main dr. et tenant un globe (178). Or. Très beau. Rare. *Pl. IX.*

603 PROBVS. P. F. AVG. Son buste lauré, cuirassé à dr. ℞. FIDES. MILITVM La Foi à g., tenant 2 enseignes (251 var. — 30 fr.) MB. TB. Rare. *Pl. XI.*

604 IMP. C. M. AVR. PROBVS. AVG. CONS. III. Son buste radié à g. avec le manteau, tenant un sceptre. ℞. MARTI. PACIF. Mars marchant à g. (360 — 20 fr.). PB. TB.

605 IMP. PROBVS. P. F. AVG. Son buste lauré, cuirassé à dr. ℞. P. M. TR. P. VI. COS. V. P. P. Probus entre 2 enseignes (461 — 30 fr.). PBQ. TB. *Pl. XI.*

606 IMP. C. PROBVS. P. F. AVG. Son buste radié, cuirassé à dr. ℞. SALVS. AVG. La Santé à dr. (580). PB. TB.

607 Même lég. Son buste radié à g. avec le manteau et le sceptre. ℞. VICTORIAE. AVG. Victoire dans un bige au galop à dr. (789). PB. B.

608 Même lég. Son buste radié, cuirassé à dr. ℞. VOTIS. X. ET. XX. FEL. dans une couronne de laurier (945 — 20 fr.). PB. TB.

608 *bis* La Providence (484). — Probus et une femme (507). — Temple (531). — La Santé (590). — Quadrige du Soleil (644 et 674). PB. — Ens. 6 p. FDC.

### Carus

609 IMP. C. M. AVR. CARVS. P. F. AVG. Son buste lauré, drapé et cuirassé à dr. ℞. VIRTVS. CARI. INVICTI. AVG. Hercule nu, debout regardant à dr., la main dr. sur la hanche, la g. sur sa massue enveloppée de la peau de lion et posée sur un rocher; à l'exergue, un croissant (118). Or. Extrêmement belle. Rare. *Pl. IX.*

610 Même lég. Son buste radié, cuirassé à dr. ℞. AETERNIT. IMPERI. Le Soleil à g. (11). PB. TB.

### Numérien

611 Jupiter nicéphore (16). — Le Soleil (37). — Numérien entre 2 captifs (120). PB. — Ens. 3 p. TB.

### Carin

612 Génie debout (37). — Instruments de sacrifice (74). — Victoire couronnant Carin (113). PB. — Ens. 3 p. B. et TB.

### Magnia Urbica

613 MAGNIA. VRBICA. AVG. Son buste diadémé à dr. ℞. VENERI. VICTRICI. Vénus diadémée debout à dr., relevant la draperie de sa robe sur son épaule dr. et tenant un globe (8 — 500 fr.). Or. Extrêmement belle à FDC. Très rare. *Pl. IX.*

614 Même droit; le buste sur le croissant. ℞. VENVS. VICTRIX. Vénus à g. tenant un casque et un sceptre; près d'elle, un bouclier (17). PB. TB. *Pl. IX.*

### Nigrinien

615 DIVO. NIGRINIANO. Sa tête radiée à dr. ℞. CONSECRATIO. Aigle éployé de face, regardant à g. (2). PB. FDC. Rare. *Pl. IX.*

## Julien (*tyran*)

616 IMP. C. IVLIANVS. P. F. AVG. Son buste lauré, drapé et cuirassé à dr. ℟. LIBERTAS. PVBLICA. La Liberté debout à g., tenant un bonnet et une corne d'abondance; dans le champ, une étoile (3). Or. Très belle pièce, de la plus grande rareté. *Pl. IX.*

617 IMP. C. M. AVR. IVLIANVS. P. F. AVG. Son buste radié, drapé et cuirassé à dr. ℟. VICTORIA. AVG. Victoire marchant à g., tenant une couronne et une palme (7 — 150 fr.). PB. TB. Très rare. *Pl. IX.*

## Dioclétien

618 IMP. C. C. VAL. DIOCLETIANVS. P. F. AVG. Son buste lauré et drapé à dr. ℟. IOVI. FVLGERATORI. Jupiter nu courant à dr., brandissant la foudre et portant le manteau flottant sur le bras g.; à ses pieds, un géant anguipède; à l'exergue, PR (286 var). Or. Très beau, rare. *Pl. IX.*

619 DIOCLETIANVS. AVGVSTVS. Sa tête laurée à dr. ℟. XX. DIOCLETIANI. AVG. SMT. en 5 lignes dans une couronne de laurier (549). Or. FDC. Très rare. *Pl. IX.*

620 DIOCLETIANVS. AVG. Même tête. ℟. FEL. ADVENT. AVGG. NN. L'Afrique tenant un étendard et une défense; à ses pieds, un lion couché sur une tête de bœuf (65, d'après Wiczay et Eckhel). Arg. TB. Très rare. *Pl. IX.*

621 Même lég. Son buste lauré, cuirassé à dr. ℟. VIRTVS. MILITVM. Quatre soldats sacrifiant devant un camp (518). Arg. TB. *Pl. IX.*

622 Même lég. Sa tête laurée à dr. ℟. X. CVI. dans une couronne de laurier (548). Arg. TB. Rare. *Pl. IX.*

623 IMP. DIOCLETIANVS. AVG. Son buste, drapé à dr. ℟. IOVI. CONSERVAT. AVGG. Jupiter debout à g. (227). PBQ. TB. *Pl. IX.*

624 Même lég. Son buste lauré, cuirassé à dr. ℟. PAX. AVG. La Paix marchant à g. (359 — 30 fr.). MB. Très beau. Rare.

625 IMP. C. C. VAL. DIOCLETIANVS. P. F. AVG. Son buste radié, drapé à dr. ℟. CONCORDIA. AVGG. Dioclétien recevant un globe nicéphore des mains de Jupiter (Manque). PB. TB. Rare.

626 IMP. C. VAL. DIOCLETIANVS. AVG. Son buste radié, cuirassé à dr. ℟. IOVI. CONSERVAT. Jupiter nu de face, tenant un sceptre de la main dr. et un foudre de la g. (Manque). PB. TB. Rare.

627 Dioclétien et Jupiter (42). PB. — Le Génie du peuple romain (87, 94, 101, 103, 106, 119). MB. — Jupiter (258 var.). — Dioclétien et Jupiter (277). PB. — Ens. 9 p. TB. et FDC

## Maximien Hercule

628 MAXIMIANVS. P. F. AVG. Sa tête laurée à dr. ℟. VOT. XX. AVGG. en 3 lignes dans une couronne, au bas de laquelle est un aigle éployé (685). Or. B. Rare. *Pl. IX.*

629 MAXIMIANVS. AVGVSTVS. Même tête. ℟. X. MAXIMIANI. AVG. SMN. en 5 lignes dans une couronne de laurier (Inédite) Or. Fleur de coin. *Pl. IX.*

630 MAXIMIANVS. P. F. AVG. Même tête. ℟. VIRTVS. MILITVM. Porte de camp ouverte, surmontée de 4 tourelles (631). Arg. FDC. *Pl. IX.*

631 IMP. MAXIMIANVS. AVG. Son buste lauré, drapé à dr. ℟. IOVI. CONSERVAT. AVGG. Jupiter debout à g. (352). PBQ. TB. *Pl. IX.*

632 Maximien et Hercule (71). PB. — Génie (184). — La Providence et le Repos (403). — Carthage (510). MB. — Dioclétien et Maximien (670). PB. — Ens. 5 p. TB. et FDC.

## Carausius

633 IMP. CARAVSIVS. P. F. AVG. Son buste lauré, drapé à dr. ℟. ROMANO. RENOV. La louve à dr., allaitant les jumeaux (300 — 300 fr.). Arg. TB. Très rare. *Pl. IX.*

634 IMP. C. CARAVSIVS. AVG. Son buste radié, cuirassé à dr. ℟. CVITAS. MV. RED. L'Equité à g., tenant une balance et une corne d'abondance (53 var. — 40 fr.). PB. TB. *Pl. IX.*

635 IMP. C. CARAVSIVS. P. F. AVG. Son buste radié, drapé et cuirassé à dr. ℟. PAX. AVG. La Paix debout à g. (194). PB. TB. *Pl. IX.*

## Allectus

636 IMP. C. ALLECTVS. P. F. I. AVG. Son buste radié, cuirassé à dr. ℟. LAETITIA. AVG. La Joie à g., tenant une couronne et une ancre (16). PB. Très beau. *Pl. IX.*

637 IMP. C. ALLECTVS. P. F. AVG. Même buste. ℟. VIRTVS. AVG. Vaisseau avec 4 rameurs; sur la proue, une femme debout (84 — 20 fr.). PB. B.

## Domitius Domitien

638 IMP. C. L. DOMITIVS. DOMITIANVS. AVG. Sa tête laurée à dr. ℟. GENIO. POPVLI. ROMANI. Génie debout à g., tenant une patère et une corne d'abondance; à ses pieds, un aigle (1 — 100 fr.). MB. Très beau. Rare. *Pl. XXII.*

### Constance Chlore

639 CONSTANTIVS. NOB. C. Sa tête laurée à dr. ℞. PACATORES. GENTIVM. Constance, tenant une branche d'olivier, debout dans un quadrige de face ; à dr., un licteur à la tête des chevaux (212 — 500 fr.). Or. TB. et très rare. *Pl. IX.*

640 Même droit. ℞. VIRTVS. MILITVM. Quatre soldats sacrifiant devant un camp (312). Arg. Très beau. *Pl. IX.*

641 Le Génie du peuple (89). — La déesse de Carthage (272). MB.— Ens. 2 p. TB.

642 CONSTANTIVS. NOB. C. Son buste radié à dr. ℞. TEMPOR. FEL. La Paix à g. (278 — 10 fr.). PB. FDC.

### Hélène

643 La Paix à g. (4). PBQ. — La Sécurité (12). PB. — Ens. 2 p. TB.

### Théodora

644 FL. MAX. THEODORAE. AVG. Son buste lauré à dr. ℞. PIETAS. [ROMANA]. La Piété (4). PBQ. TB. *Pl. IX.*

### Galère Maximien

645 MAXIMIANVS NOB. CAES. Sa tête laurée à dr. ℞. IOVI. CONS. CAES. Jupiter nu debout de face, tenant un foudre et un sceptre ; à ses pieds, un aigle ; à l'exergue, SMAΣ (118). Or. TB. *Pl. X.*

646 MAXIMIANVS. CAES. Même tête. ℞. XCVI. dans une couronne de laurier (249 — 30 fr.). Arg. FDC. *Pl. X.*

647 Le Génie du peuple (48 et 74 var.). MB. — Ens. 2 p. TB.

### Valérie

648 GAL. VALERIA. AVG. Son buste diadémé à dr. ℞. VENERI. VICTRICI. Vénus debout à g., tenant une pomme et soulevant son voile ; à l'exergue, SM. SD ; dans le champ, croissant et Σ (1—1000 fr.). Or. Très belle pièce, trouée. Extrêmement rare. *Pl. X.*

649 La même pièce, à l'exergue, ALE ; dans le champ, K. ΓP. (2). MB. TB.

### Sévère II

650 FL. VAL. SEVERVS. NOB. CAES. Son buste lauré, cuirassé à dr. ℞. GENIO. POPVLI. ROMANI. Génie à g. (27). MB. TB.

### Maximin II Daza

651 MAXIMINVS. NOB. CAESS. Sa tête laurée à dr. ℞. CONCORDIA. CAES. NOSTR. La Concorde assise à g., tenant une patère et une double corne d'abondance ; à l'exergue, SMT (Inédite). Or. FDC. *Pl. X.*

652 IMP. MAXIMINVS. P. F. AVG. Son buste lauré, cuirassé à dr. ℟. S. P. Q. R. OPTIMO. PRINCIPI. Aigle entre 2 enseignes (181). PB. TB.

### Maxence

653 MAXENTIVS P. F. AVG. Sa tête laurée à dr. ℟. TEMPORVM. FELICITAS. AVG. N. La louve à g. allaitant les jumeaux (107 — 250 fr.). Arg. Très beau et très rare. *Pl. X.*

654 IMP. MAXENTIVS P. F. AVG. CONS. II. Son buste lauré à dr. avec le manteau et le sceptre. ℟. CONSER. VRB. SVAE. Rome dans un temple hexastyle (33). MB. TB. *Pl. XXII.*

### Romulus

655 DIVO. ROMVLO. N. V. BIS. CONS. Sa tête nue à dr. ℟. AETERNAE. MEMORIAE. Temple rond surmonté d'un aigle (6). MB. TB. *Pl. XXII.*

### Alexandre (*tyran*)

656 IMP. ALEXANDER. P. F. AVG. Sa tête laurée à dr. ℟. INVICTA. ROMA FELIX. KARTHAGO. Femme debout de face, tenant des fruits (6 — 200 fr.). MB. TB. Très rare. *Pl. XXII.*

### Licinius père

657 LICINIVS. P. F. AVG. Sa tête laurée à dr. ℟. IOVI. CONS. LICINI. AVG. Jupiter assis de face sur un cippe, regardant à g., tenant une Victoire et un sceptre; à ses pieds, un aigle tenant une couronne dans son bec; sur le cippe : SIC. X. SIC. XX. à l'exergue, ANT; dans le champ, étoile sur un croissant (129). Or. Très beau et très rare. *Pl. X.*

658 Génie du peuple (42). MB. — Jupiter (74). PB. — Ens. 2 p. TB.

### Licinius fils

659 Jupiter (21). — Trophée (60). PB. — Ens. 2 p. TB.

### Martinien

660 D. N. MARTINIANVS. P. F. AVG. Son buste radié, drapé à dr. ℟. IOVI. CONSERVATORI. Jupiter nicéphore debout à g. entre un aigle et un captif (1 — 200 fr.). PB. Très beau et très rare. *Pl. X.*

### Constantin I

661 CONSTANTINVS. P. F. AVG. Sa tête laurée à dr. ℟. GAVDIVM. REPVBLICAE. Trophée au pied duquel sont assis 2 captifs dans l'attitude de la tristesse; à l'exergue, PTR. (163). Petit module. Or. TB. *Pl. X.*

662 FL. VAL. CONSTANTINVS. NOB. CAES. Son buste radié, drapé et cuirassé à dr. ℞. PRINCIPI. IVVENTVTIS. Constantin en habit militaire levant la main droite et un sceptre, debout de face et regardant à g., entre 2 enseignes militaires; à l'exergue, TR. (Inédit. — Cf. 422). Médaillon. Or. Mod. 6; poids 9 grammes environ. Superbe pièce de la plus grande rareté. *Pl. X.*

663 CONSTANTINVS. P. F. AVG. Sa tête laurée à dr. ℞. VICTORIA. CONSTANTINI. AVG. Victoire tenant une couronne et une palme, marchant à g. entre 2 captifs assis; à l'exergue, SMTS (602). Or. TB. Rare. *Pl. X.*

664 Même droit. ℞. Même lég. Victoire debout à g. couronnant Constantin debout, en habit militaire, qui tient un globe et une haste transversale; à l'exergue, SMTS (608 var.). Or. FDC. Très rare. *Pl. X.*

665 CONSTANTINVS. AVG. Son buste diadémé et drapé à dr. ℞. Même lég. Victoire assise à dr. sur une cuirasse et un bouclier et écrivant VOT. XXX. sur un bouclier que lui présente un génie; à l'exergue, CONS (616 var.). Quinaire. Or. TB. Rare. *Pl. X.*

666 CONSTANTINVS. P. F. AVG. Même buste. ℞. VICTORIA. DD. NN. AVGG. Victoire marchant à g., tenant une couronne et une palme, à l'exergue, TES (621 var.). Quinaire. Or. TB. Rare. *Pl. X.*

667 Même droit. ℞. GAVDIVM. POPVLI. ROMANI. autour d'une couronne de laurier dans laquelle on lit: SIC. XX. SIC. XXX.; à l'exergue, SIS (Manque). Médaillon. Arg. Module 7. Superbe pièce, de la plus grande rareté. *Pl. XXIII.*

668 CONSTANTINVS. NOB. C. Sa tête laurée à dr. ℞. VIRTVS. MILITVM. Porte surmontée de 3 tourelles (705 — 40 fr.). Arg. Très beau. Rare. *Pl. X.*

669 CONSTANTINVS. P. F. AVG. Même tête. ℞. VIRTVS PERPETVA. AVG. Constantin à g., étouffant un lion (710). MB. TB.

670 Couronne avec VOT. XX (Manque). PB. — Génie (218). MB. — Jupiter (290 var.). PB. — Constantin à dr. (416). MB. — Buste du Soleil (514). — Le Soleil à g. (525). PB. — Ens. 6 p. TB. et FDC.

### Fausta

671 FLAV. MAX. FAVSTA. AVG. Son buste à dr. ℞. SPES. REIPVBLICAE. Fausta portant ses 2 fils (15). PB. Très beau.

672 FAVSTA. N. F. Même buste. ℞. Sans lég. Etoile dans une couronne de laurier (25 — 100 fr.). PB. TB. Rare. *Pl. X.*

## Crispus

673 FL. IVL. CRISPVS. NOB. CAES. Son buste lauré et cuirassé à g., vu de dos, tenant une haste et un bouclier. ℞. CONCORDIA. AVGG. NN. La Concorde assise à g., tenant un caducée et une corne d'abondance; à l'exergue, SMNK (56 — 300 fr.). Or. Très belle et très rare pièce. *Pl. X.*

674 Sans lég. Sa tête diadémée à dr. ℞. CRISPVS. CAESAR. Victoire marchant à g., tenant une couronne et une palme; à l'exergue, N. (59 — 500 fr.). Or. Très beau et très rare. *Pl. X.*

675 IVL. CRISPVS. NOB. CAES. Son buste lauré à g. avec haste et bouclier. ℞. BEATA. TRANQVILLITAS. Autel avec VOTIS. XX. (22). PB. TB.

## Delmace

676 FL. DELMATIVS. NOB. C. Son buste lauré à dr. ℞. GLORIA. EXERCITVS. Enseigne entre 2 soldats (4). PB. TB.

## Hanniballien

677 FL. HANNIBALLIANO. REGI. Son buste nu, drapé à dr. ℞. SECVRITAS. PVBLICA. L'Euphrate couché à dr. parmi des roseaux (2—40 fr.) PB. Rare. *Pl. X.*

## Constantin II

678 FL. CL. CONSTANTINVS. IVN. N. C. Sa tête laurée à dr. ℞. GAVDIVM. ROMANORVM. La Sarmatie assise à g., retournant la tête vers un trophée; à l'exergue: SARMATIA. (108 var. — 300 fr.) Or. FDC. Très rare. *Pl. X.*

679 CONSTANTINVS. IVN. NOB. C. Son buste diadémé et drapé à dr. ℞. PRINCIPI. IVVENTVTIS. Constantin en habit militaire debout à g., tenant un étendard et un sceptre; derrière lui, 2 enseignes; à l'exergue, TS. (150). Or. Très belle pièce. *Pl. X.*

680 Sans lég. Sa tête diadémée à dr. ℞. CONSTANTINVS. AVG. en 3 lignes dans une couronne de laurier; à l'exergue, ANT. (69 var. — 80 fr.). Arg. FDC. Très rare. *Pl. X.*

681 CONSTANTINVS. IVN. NOB. C. Son buste lauré et cuirassé à dr. ℞. GLORIA. EXERCITVS. Femme de face, regardant à g., tenant un rameau et un sceptre et accoudée à une colonne; à l'exergue; CONST. (112 — 100 fr.). Médaillon. Arg. Module 6. A fleur de coin. Très rare. *Pl. XXIII.*

682 Couronne avec VOT. X. (38). — Jupiter nicéphore (133). — Constantin à dr. (143). PB. — Ens. 3 p. TB.

## Constant

683 FL. IVL. CONSTANS. P. F. AVG. Son buste diadémé, drapé et cuirassé à dr. ℞. GAVDIVM. POPVLI. ROMANI. Couronne dans laquelle on lit : VOT. V. MVLT. X.; à l'exergue, TSE. (41). Or. TB. *Pl. X.*

684 CONSTANS. P. F. AVG. Même buste. ℞. VICTORIA. DD. NN. AVGG. Victoire marchant à g., tenant une couronne et une palme; à l'exergue, TR. (150). Quinaire. Or. Très beau. Rare. *Pl. X.*

685 CONSTANS. AVGVSTVS. Même buste. ℞. VICTORIAE. DD. NN. AVGG. Deux Victoires en regard, tenant une couronne dans laquelle on lit : VOT. X. MVLT. XX.; à l'exergue, TES. (171). Or. FDC. *Pl. X.*

686 FL. IVL. CONSTANS. P. F. AVG. Même buste. ℞. VICTORIA. AVGVSTORVM. Victoire marchant à g., tenant une couronne et une palme; à l'exergue, SIS. (135 var.). Médaillon. Arg. Mod. 6; légèrement fendu. Fleur de coin. Rare. *Pl. XXIII.*

687 Même droit. ℞. VICTORIA. DD. NN. AVGG. Même Victoire; à l'exergue, TR. (152 — 40 fr.). Arg. FDC. Rare. *Pl. X.*

688 Même droit. ℞. FEL. TEMP. REPARATIO. Constant nicéphore à g. sur un vaisseau dirigé par la Victoire (11). MB. TB.

## Constance II

689 CONSTANTIVS. P. F. AVG. Son buste diadémé et drapé à dr. ℞. FELICITAS. PERPETVA. Victoire marchant à g., tenant une couronne et une palme; à l'exergue, SMAQ. (60 var.). Quinaire. Or. Très beau. *Pl. X.*

690 FL. IVL. CONSTANTIVS. PERP. AVG. Même buste. ℞. GLORIA. REIPVBLICAE. Rome assise de face et Constantinople assise à g., le pied sur une proue, tenant ensemble un bouclier avec VOT. XX. MVLT. XXX.; à l'exergue, SMNT. (108). Or. FDC. *Pl. X.*

691 Même lég. Son buste casqué et cuirassé de face, tenant une haste et un bouclier. ℞. Même lég. et type avec VOT. XXX. MVLT. XXXX.; à l'exergue, CONS. (112). Or. Très beau. *Pl. XI.*

692 Sans lég. Sa tête diadémée à dr. ℞. CONSTANTIVS. CAES. Victoire marchant à g., tenant une couronne et une palme; à l'exergue, CONSS. (15 — 25 fr.) Arg. Très beau. *Pl. IX.*

693 FL. IVL. CONSTANTIVS. P. F. AVG. Son buste diadémé, drapé à dr. ℞. TRIVMFATOR. GENTIVM. BARBARARVM. Constance à g., tenant un labarum et appuyé sur un bouclier (192). Médaillon. Arg. Mod. 6 1/2. A fleur de coin. Très rare. *Pl XXIII.*

694 D. N. CONSTANTIVS. P. F. AVG. Même buste. ℞. VOTIS. XXX. MVLTIS. XXXX. dans une couronne (342). Arg. Très beau. *Pl. XI.*

695 Constance chassant 2 captifs (41). — Soldat traînant un captif (53). MB. — Deux soldats et 2 enseignes (104). PB. — Ens. 3 p. TB.

696 D. N. CONSTANTIVS. P. F. AVG. Sa tête diadémée à dr. ℞. VOT. XX. MVLT. XXX. dans une couronne (335). PBQ. TB.

## Népotien

697 FL. NEP. CONSTANTINVS. [AVG.] Son buste diadémé, drapé et cuirassé à dr. ℞. VRBS. [RO]MA. Rome nicéphore, tenant un sceptre, assise à g. sur un bouclier; à l'exergue, MTH. (4 — 160 fr.). GB. Très beau. Très rare. *Pl. XXII.*

## Vétranion

698 D. N. VETRANIO. P. F. AVG. Son buste lauré, drapé et cuirassé à dr. ℞. SALVATOR. REIPVBLICAE. Vétranion tenant le labarum et un sceptre, marchant à g. et suivi de la Victoire qui le couronne; à l'exergue, SIS. (7 — 1000 fr.). Sou d'or. TB. De la plus grande rareté. *Pl. XI.*

699 Même droit. ℞. CONCORDIA. MILITVM. Vétranion debout à g., tenant le labarum (1 — 25 fr.). MB. B. Rare.

## Magnence

700 IM. CAE. MAGNENTIVS. AVG. Son buste nu et drapé à dr. ℞. VICTORIA. AVG. LIB. ROMANOR. La Victoire et la Liberté debout en regard, tenant ensemble un trophée; à l'exergue, TR. (46). Sou d'or. TB. *Pl. XI.*

701 Même droit. ℞. VIRTVS. EXERCITI. La Valeur debout, de face, regardant à dr., tenant une haste renversée et appuyée sur son bouclier; à l'exergue, TR. (82 — 30 fr.). Arg. FDC. *Pl. XI.*

702 D. N. MAGNENTIVS. P. F. AVG. Même buste. ℞. GLORIA. ROMANORVM. Magnence galopant à dr., perçant un suppliant (20). MB. TB.

## Décence

703 D. N. DECENTIVS. FORT. CAES. Son buste nu et drapé à dr. ℞. VICTORIA. AVG. LIB. ROMANOR. La Victoire et la Liberté, debout en regard, tenant ensemble un trophée; à l'exergue, TR. (Manque à C. — Cf. 26 et 27). Or. TB. Très rare. *Pl. XI.*

704 Chrisme entre A et ω (11). GB. — Deux Victoires (35). MB. — Ens. 2 p. TB.

### Constance Galle

705 D. N. CONSTANTIVS. NOB. CAES. Sa tête nue à dr. ℞. VOTIS. V. MVLTIS. X. dans une couronne de laurier; à l'exergue, SIRM. (56 — 40 fr.). Arg. FDC. *Pl. XI.*

706 D. N. CONSTANTIVS. IVN. NOB. C. Même tête; derrière, A. ℞. CONCORDIA. MILITVM. Constance tenant 2 labarum (2). MB. TB.

### Julien II

707 FL. CL. IVLIANVS. NOB. CAES. Son buste nu et drapé à dr. ℞. VICTORIA. AVGVSTORVM. Victoire à demi-nue, assise à dr. sur une cuirasse, écrivant VOT. V. sur un bouclier que lui présente un génie; à l'exergue, KONSTAN. (55 — 50 fr.). Quinaire. Or. Très beau. *Pl. XI.*

708 FL. CL. IVLIANVS. P. P. AVG. Son buste barbu, diadémé, drapé et cuirassé à dr. ℞. VIRTVS. EXERC. GALL. Julien casqué marchant à dr. et se retournant, trainant un captif et portant un trophée; dans le champ, un aigle; à l'exergue, KONSTAN. (75). Or. Très beau. *Pl. XI.*

709 FL. CL. IVLIANVS. NOB. CAES. Son buste nu, drapé à dr. ℞. D. N. IVLIANVS. CAES. Trois enseignes; à l'exergue, CONH. (7 — 100 fr.) Médaillon. Arg. Mod. 6. Très beau et très rare. *Pl. XXIII.*

710 D. N. FL. CL. IVLIANVS. P. F. AVG. Son buste diadémé, drapé à dr. ℞. VIRTVS. EXERCITVS. Julien à dr., tenant une haste renversée, un aigle et un bouclier (72 — 120 fr.). Médaillon. Arg. Mod. 5 1/2. TB. Très rare. *Pl. XXIII.*

711 Même droit. ℞. VOT. X. MVLT. XX. dans une couronne (148). Arg. TB.

712 Même droit. ℞. SECVRITAS. REIPVB. Le bœuf Apis (38). GB. TB.

### Jovien

713 D. N. IOVIANVS. PEP. AVG. Son buste diadémé, drapé et cuirassé à dr. ℞. SECVRITAS. REIPVBLICAE. Rome et Constantinople assises, soutenant un bouclier avec VOT. V. MVL. X.; à l'exergue, ANTI. (8 — 100 fr.). Sou d'or. TB. *Pl. XI.*

714 D. N. IOVIANVS. P. F. AVG. Même droit. ℞. VOT. V. MVL. X. dans une couronne (33). Arg. TB. *Pl. XI.*

### Valentinien I

715 D. N. VALENTINIANVS. P. F. AVG. Son buste diadémé et drapé à dr. ℞, PAX. PERPETVA. Victoire à demi-nue assise à dr. sur une cuirasse, écrivant VOT. V. MVLT. X. sur un bouclier présenté par un génie; à l'exergue, TES. (15 — 50 fr.). Triens. Or. Très beau. *Pl. XI.*

716 Même droit. ℞. RESTITVTOR. REIPVBLICAE. Valentinien debout, tenant le labarum et une Victoire sur un globe; à l'exergue, RT. (28). Sou d'or. TB. *Pl. XI.*

717 Même lég. Son buste diadémé à g. avec le manteau impérial, tenant un globe et un sceptre. ℞. SALVS. REIP. Même type de Valentinien, mais le pied dr. posé sur un captif à genoux; à l'exergue, SMTES.; dans le champ, une étoile (32 — 45 fr.). Sou d'or. Très beau. *Pl. XI.*

718 Même lég. Son buste diadémé et drapé à dr. ℞. VICTORIA. AVGVSTI. N. Victoire marchant à g., tenant une couronne et une palme; à l'exergue, R. (Inédite). Triens. Or. TB. Rare. *Pl. XI.*

719 Même droit. ℞. VOTIS. V. MVLTIS. X. dans une couronne de laurier; à l'exergue, S. M. L. A. P. (78). Médaillon. Arg. Très beau et très rare. *Pl. XXIII.*

720 Même droit. ℞. VRBS. ROMA. Rome nicéphore assise à g. (81). Arg. TB.

721 Même droit. ℞. RESTITVTOR. REIPVBLICAE. Valentinien à dr., tenant le labarum et un globe nicéphore (30 — 40 fr.). GB. TB.[1] *Pl. XXII.*

## Valens

722 D. N. VALENS. PER. F. AVG. Son buste diadémé, drapé à dr. ℞. RESTITVTOR. REIPVBLICAE. Valens debout, tenant un étendard et un globe surmonté d'une Victoire; dans le champ, le chrisme; à l'exergue, ANTI. (36). Sou d'or troué.

723 D. N. VALENS. P. F. AVG. Même droit. ℞. RESTITVTOR. REIP. Même type (28). Arg. TB.

724 Même droit. ℞. VIRTVS. EXERCITVS. Valens de face, tenant le labarum et appuyé sur un bouclier; à l'exergue, TRPS. (71). Médaillon. Arg. TB., légèrement fendu.

725 Même droit. ℞. RESTITVTOR. REIPUBLICAE. Valens de face, tenant le labarum et un globe nicéphore (40 — 100 fr.). GB. TB. *Pl. XXII.*

## Procope

726 D. N. PROCOPIVS. P. F. AVG. Son buste diadémé, drapé à dr. ℞. VOT. V. dans une couronne de laurier; à l'exergue, C. S. (14 — 150 fr.). Arg. Très beau et très rare. *Pl. XI.*

## Gratien

727 D. N. GRATIANVS. P. F. AVG. Son buste diadémé, drapé à dr. ℞. VICTORIA. AVGG. Gratien et Valentinien II assis; derrière eux, une Victoire; à l'exergue, AQOB. (38). Sou d'or. TB. *Pl. XI.*

728 Même droit. ℞. VIRTVS. EXERCITVS. Gratien à g., tenant un étendard et appuyé sur un bouclier; à l'exergue, TRPS. (52). Médaillon. Arg. A fleur de coin. Rare. *Pl. XXIII.*

729 Même droit. ℞. VRBS. ROMA. Rome nicéphore assise à g. (86). Arg. FDC.

730 Gratien relevant une femme (30). MB. — Victoire à g. (34). PB. — Couronne avec VOT. XV. MVLT. XX. (75). PBQ — Ens. 3 p. B.

### Valentinien II

731 D. N. VALENTINIANVS. IVN. P. F. AVG. Son buste diadémé, drapé à dr. ℞. CONCORDIA. AVGGG. Rome assise de face; à l'exergue, COMOB. (1). Sou d'or. FDC. *Pl. XI.*

732 Même droit. ℞. VICTORIA. AVGGG. Victoire à g. (40). Arg. FDC.

733 D. N. VALENTINIANVS. P. F. AVG. Même buste. ℞. VIRTVS. EXERCITVS. Valentinien à g., tenant un étendard et appuyé sur un bouclier; à l'exergue, TRPS. (58 — 100 fr.). Médaillon. Arg. A fleur de coin. Très rare. *Pl. XXIII.*

734 Même droit avec. IVN. P. F. AVG. ℞. VRBS. ROMA. Rome nicéphore assise à g. (76 var.). Arg. FDC.

### Théodose I

735 D. N. THEODOSIVS. P. F. AVG. Son buste diadémé, drapé à dr. ℞. VICTORIA. AVGG. Théodose et Valentinien II assis de face; derrière eux, la Victoire; à l'exergue, COM. (37). Sou d'or. Très beau. *Pl. XI.*

736 Même droit. ℞. VICTORIA. AVGGGE. Théodose à dr., tenant le labarum et un globe nicéphore, posant le pied sur un ennemi; dans le champ, SM.; à l'exergue, COMOB. (39). Sou d'or. Très beau. *Pl. XI.*

737 Même droit. ℞. VICTORIA. AVGVSTORVM. Victoire marchant à g., tenant une couronne et un globe crucigère; dans le champ, étoile; à l'exergue, CONOB. (46). Triens. Or. TB.

738 Même droit. ℞. VIRTVS. EXERCITVS. Théodose debout, tenant un étendard et appuyé sur un bouclier; à l'exergue, TRPS. (55 — 100 fr.). Médaillon. Arg. A fleur de coin. Très rare. *Pl. XXIII.*

739 Même droit. ℞. VIRTVS. ROMANORVM. Rome assise de face, tenant un globe et un sceptre (59). Arg. FDC.

### Flaccille

740 AEL. FLACCILLA. AVG. Son buste diadémé à dr. ℞. SALVS. REIPVBLICAE. Flaccille debout de face (9). MB. TB.

## Magnus Maximus

741 D. N. MAG. MAXIMVS. P. F. AVG. Son buste diadémé, drapé à dr. ℞. RESTITVTOR. REIPVBLICAE. Maxime debout de fece, tenant le labarum et un globe nicéphore; dans le champ, étoile; à l'exergue, SMTR. (4). Sou d'or. Une petite défectuosité dans le flan, mais TB. *Pl. XI.*

742 Même droit. ℞. VIRTVS. EXERCITVS. Maxime tenant le labarum et appuyé sur un bouclier; à l'exergue, TRPS. (19 — 300 fr). Médaillon. Arg. Très belle pièce à fleur de coin. Extrêmement rare. *Pl. XXIII.*

743 Même droit. ℞. VIRTVS. ROMANORVM. Rome assise de face, tenant un globe et un sceptre; à l'exergue, TRPS. (20). Arg. FDC. *Pl. XI.*

## Victor

744 D. N. FL. VICTOR. P. F. AVG. Son buste diadémé, drapé à dr. ℞. VIRTVS. ROMANORVM. Rome assise de face (6). Arg. B. *Pl. XI.*

## Eugène

745 D. N. EVGENIVS. P. F. AVG. Son buste diadémé, drapé à dr. ℞. VICTORIA. AVGG. Deux empereurs assis de face; derrière eux, la Victoire; dans le champ, LD.; à l'exergue, COM. (6 — 130 fr.). Sou d'or. Très beau et très rare. *Pl. XI.*

746 Même droit. ℞. VICTORIA. AVGVSTORVM. Victoire marchant à g., tenant une Victoire et une palme; dans le champ, TR.; à l'exergue, COM. (10 — 80 fr.). Triens. Or. TB. Rare. *Pl. XII.*

747 Même droit. ℞. VIRTVS. ROMANORVM. Rome nicéphore assise à g., tenant un sceptre (14 — 20 fr.). Arg. TB. *Pl. XI.*

## Honorius

748 D. N. HONORIVS. P. F. AVG. Son buste diadémé, drapé à dr. ℞. VICTORIA AVGGG. Honorius debout à dr., posant le pied g. sur un captif; dans le champ, MD.; à l'exergue, COMOB. (44). Sou d'or. TB.

749 D. HONORIVS. P. F. CC. Même buste. ℞. Sans lég. Croix dans une couronne; à l'exergue, CON. (Inédite). Triens. Or. B. Rare. *Pl. XII.*

750 D. N. HONORIVS. P. F. AVG. Même buste. ℞. VIRTVS. ROMANORVM. Rome nicéphore assise à g. (59). Arg. TB.

751 Même droit. ℞. VOT. V. MVLT. X. dans une couronne de laurier (63). Arg. FDC.

### Constance III

752 D. N. CONSTANTINVS. P. F. AVG. Son buste diadémé, drapé à dr. ℞. VICTORIA. AVGGG. Constance debout à dr., tenant un étendard et une Victoire, et posant le pied sur un captif; dans le champ, RV; à l'exergue. COMOB (1 — 500 fr.). Sou d'or à fleur de coin. Extrêmement rare. *Pl. XI.*

### Placidie

753 D. N. GALLA. PLACIDIA. P. F. AVG. Son buste diadémé à dr., couronné par une main, une croix sur l'épaule. ℞. VOT. XX. MVLT. XXX. Victoire crucifère à g.; en haut, une étoile; dans le champ, RV; à l'exergue, COMOB (13 — 150 fr.). Sou d'or. A fleur de coin. Rare. *Pl. XII.*

754 Même lég. Son buste diadémé à dr. ℞. Sans lég. Le Chrisme dans une couronne de laurier; à l'exergue, COMOB (15 — 100 fr.). Triens. Or. TB. Rare. *Pl. XII.*

### Constantin III

755 D. N. CONSTANTINVS. P. F. AVG. Son buste diadémé, drapé à dr. ℞. VICTORIA. AVGGG. Constantin debout à dr., tenant un étendard et un globe nicéphore et posant le pied g. sur un captif; dans le champ, LD; à l'exergue, COMOB (5 — 60 fr.). Sou d'or. TB. Rare. *Pl XII.*

756 Même droit. ℞. VICTORI AAAVGGG. Rome nicéphore assise à g. (7 — 20 fr.). Arg. B.

### Maxime (*tyran*)

757 D. N. MAXIMVS. P. F. AVG. Son buste diadémé, drapé à dr. ℞. VICTORI. AAAVGGG. Rome nicéphore assise à g. (1 — 300 fr.). Arg. Très beau. Extrêmement rare. *Pl. XII.*

### Jovin

758 D. N. IOVINVS. P. F. AVG. Son buste diadémé. drapé à dr. ℞. VICTORIA. AVGG. Rome nicéphore assise à g. (4 — 20 fr.). Arg.

### Attale

759 PRISC. ATTALVS. P. F. AVG. Son buste diadémé, drapé à dr. ℞. INVICTA. ROMA. AETERNA. Rome assise de face, tenant un globe nicéphore et un sceptre; dans le champ, RM et étoile; à l'exergue, COMOB (4 — 180 fr.). Triens. Or. Très beau et très rare. *Pl. XII.*

### Jean

760 D. N. IOHANNES. P. F. AVG. Son buste diadémé, drapé et cuirassé à dr. ℞. VICTORIA. AVGGG. Jean debout à dr., tenant un étendard et un globe nicéphore et posant le pied sur un captif; dans le champ, RV ; à l'exergue, CONOB (4 — 150 fr.). Sou d'or. B. et rare. *Pl. XII.*

761 Même droit. ℞. VICTORIA. AVGVSTORVM. Victoire marchant à dr., tenant une couronne et un globe crucifère, dans le champ, RV ; à l'exergue, COMOB (8 — 150 fr.). Triens. Or. A fleur de coin. Très rare. *Pl. XII.*

### Valentinien III

762 D. N. PLA. VALENTINIANVS. P. F. AVG. Son buste diadémé, drapé à dr. ℞. VICTORIA AVGGG. Valentinien debout de face, tenant une croix et un globe nicéphore et posant le pied sur un dragon ; dans le champ, RV ; à l'exergue, COMOB (19). Sou d'or. FDC.

763 Même droit. ℞. Sans lég. Croix dans une couronne de laurier ; à l'exergue, COMOB (49). Triens. Or. TB.

### Pétrone Maxime

764 D. N. PETRONIVS. MAXIMVS. P. F. AVG. Son buste diadémé, drapé et cuirassé à dr. ℞. VICTORIA. AVGGG. Pétrone Maxime debout de face, tenant une croix et un globe nicéphore, le pied dr. sur un dragon ; dans le champ, RM ; à l'exergue, COMOB (1 — 400 fr.). Sou d'or. TB. Extrêmement rare. *Pl. XII.*

### Avitus

765 D. N. AVITVS. PERP. F. AVG. Son buste diadémé, drapé et cuirassé à dr. ℞. VICTORIA. AVGGG. Avitus debout de face, tenant une croix et un globe nicéphore, le pied dr. sur un dragon ; dans le champ, AR ; à l'exergue, COMOB (5 — 200 fr.). Sou d'or frappé à Arles. Très beau et très rare. *Pl. XII.*

### Majorien

766 D. N. IVLIVS. MAIORIANAS. P. F. AVG. Son buste casqué, diadémé et drapé à dr., tenant une haste et un bouclier orné du chrisme. ℞. VICTORIA. AVGGG. Majorien debout de face, tenant une croix et un globe nicéphore, le pied dr. sur un dragon; dans le champ, RV; à l'exergue, COMOB (1). Sou d'or. Très beau et rare. *Pl. XII.*

767 Même droit. ℞. Sans lég. Croix dans une couronne de laurier ; à l'exergue, COMOB (15—40 fr.). Triens. Or. Très beau. *Pl. XII.*

## Sévère III

768 D. N. LIBIVS. SEVERVS. P. F. AVG. Son buste diadémé, drapé à dr. ℟. VICTORIA. AVGGG. Sévère debout de face, tenant une croix et un globe nicéphore, le pied dr. sur un dragon ; dans le champ. RV ; à l'exergue, CONOB (8). Sou d'or. AB.

769 D. N. SEVIRVS. P. F. AVG. Même buste. ℟. Même lég. Victoire à g., tenant une croix ; à l'exergue, COMOB (14 var.). Triens. Or. *Pl. XII.*

## Anthémius

770 D. N. ANTHEMIVS. P. F. AVG. Son buste casqué et cuirassé de face, tenant une haste et un bouclier. ℟. SALVS. REIPVBLICAE. Anthémius et Léon debout de face, soutenant un globe crucigère ; dessous, une étoile ; à l'exergue, CORMO (7 — 60 fr.). Sou d'or. Très beau. *Pl. XII.*

771 Même lég. Son buste diadémé, drapé à dr. ℟. SALVS. REIP[VBL]ICAE. Le Chrisme dans une couronne de laurier ; à l'exergue, COMOB (15 — 80 fr.). Quinaire. Or. B. et rare.

772 Même droit. ℟. Sans lég. Croix dans une couronne ; à l'exergue, COMOB (21). Triens. Or. B.

## Julius Népos

773 D. N. IVL. NEPOS. P. F. AVG. Son buste casqué et cuirassé de face, tenant une haste et un bouclier. ℟. VICTORIA. AVGGG. Victoire à g., tenant une croix ; dans le champ, RV ; à l'exergue, COMOB (6 — 60 fr.). Sou d'or. TB. *Pl. XII.*

774 Même lég. Son buste diadémé, drapé à dr. ℟. Sans lég. Croix dans une couronne de laurier ; à l'exergue, COMOB (16 — 40 fr.). Triens. Or. B. *Pl. XII.*

## Arcadius (1)

775 D. N. ARCADIVS. P. F. AVG. Son buste casqué et cuirassé de face, tenant une haste et un bouclier. ℟. CONCORDIA. AVGGZ. Constantinople assise de face, tenant une haste et un globe nicéphore ; à l'exergue, CONOB (III. 11). Sou d'or. B.

---

(1) Les numéros entre parenthèses sont ceux des planches de l'ouvrage de Sabatier. *Description générale des monnaies Byzantines.*

776 Même lég. Son buste diadémé, drapé et cuirassé à dr. ℞. VICTORIA. AVGGG. Arcadius debout à dr., tenant un étendard et un globe nicéphore, posant le pied g. sur un captif; dans le champ, MD; à l'exergue, COMOB (IV. 2). Sou d'or. Très beau. *Pl. XII.*

777 Même droit. ℞. VICTORIA. AVGVSTORVM. Victoire marchant à dr., tenant une couronne et un globe crucigère; dans le champ, MD; à l'exergue, COM (IV. 4). Triens. Or. TB. *Pl. XII.*

778 Même droit. ℞. VOT. X. MVLT. XX. dans une couronne de laurier; à l'exergue, MDPS (S. manque). Médaillon. Arg. Très belle pièce. Extrêmement rare. *Pl. XXIII.*

779 — La même pièce (IV. 5). Silique. Arg. FDC.

## Eudoxie

780 AEL. EVDOXIA. AVG. Son buste diadémé à dr. et couronné par une main céleste. ℞. SALVS. REIPVBLICAE. Victoire assise à dr. sur une cuirasse, tenant un bouclier orné du Chrisme; à l'exergue, CONOB (IV. 26). Sou d'or. Très beau. Rare. *Pl. XII.*

## Théodose II

781 D. N. THEODOSIVS. P. F. AVG. Son buste casqué et cuirassé de face, tenant une lance et un bouclier. ℞. VOT. XXX. MVLT. XXXXI. Rome casquée assise à g., à l'exergue, CONOB (V. 6). Sou d'or. TB.

## Eudocie

782 AEL. EVDOCIA. AVG. Son buste diadémé à dr. ℞. Sans lég. Croix dans une couronne; à l'exergue, CONOB (V. 25). Triens. Or. TB. *Pl. XII.*

## Marcien

783 D. N. MARCIANVS. P. F. AVG. Son buste casqué et cuirassé de face, tenant une haste et un bouclier. ℞. VICTORIA. AVGGG. Victoire à g., tenant une croix; à l'exergue, CONOB (VI. 6). Sou d'or. TB.

## Pulchérie

784 AEL. PVLCHERIA. AVG. Son buste diadémé à dr., couronné par une main céleste. ℞. VOT. XX. MVLT. XXXI. Victoire à g., tenant une croix; à l'exergue, CONOB (VI. 14). Sou d'or. Très beau. Rare. *Pl. XII.*

785 Même lég. Son buste diadémé à dr. ℞. Sans lég. Croix dans une couronne de laurier; à l'exergue, CONOB (VI. 16). Triens. Or. FDC. Rare. *Pl. XII.*

### Léon I

786 D. N. LEO. PERPET. AVG. Son buste casqué et cuirassé de face, tenant une haste et un bouclier. ℞. VICTORIA. AVGGGI. Victoire à g., tenant une croix ; à l'exergue, CONOB (VI. 22). Sou d'or. TB.

787 Même lég. Son buste diadémé et drapé à dr. ℞. VICTORIA. AVGG. Victoire assise à dr., écrivant XXX sur un bouclier ; à l'exergue, CONOB (VI. 24). Demi-sou. Or. Très beau.

### Léon II et Zénon

788 D. N. LEO. ET. ZENO. P. P. AVG. Buste casqué et cuirassé de face, avec la lance et le bouclier. ℞. SALVS. REIPVBLICAEZ. Léon et Zénon nimbés, assis de face ; entre leurs têtes, une croix ; à l'exergue, CONOB (VII. 15). Sou d'or. Très beau. Rare. *Pl. XII.*

### Zénon

789 D. N. ZENO. PERP. AVG. Son buste casqué et cuirassé de face, avec la lance et le bouclier. ℞. VICTORIA. AVGGG. Victoire à g., tenant une croix ; à l'exergue, CONOB (VII. 18). Sou d'or. Très beau.

790 Même lég. Buste diadémé à dr. ℞. Même revers (VII. 21). Triens. Or. TB. *Pl. XII.*

### Basilisque

791 D. N. BASILISCUS. P. P. AVG. Son buste casqué et cuirassé de face, avec la lance et le bouclier. ℞. VICTORIA. AVGGGB. Victoire à g., tenant une croix ; à l'exergue, CONOB (VIII. 14). Sou d'or. TB.

### Basilisque et Marc

792 D. N. BASILISCI. ET. MARC. P. AVG. Buste casqué et cuirassé de face, avec la lance et le bouclier. ℞. SALVS. REIPVBLICAE. Les deux Augustes nimbés assis de face ; entre les têtes, une croix ; à l'exergue, CONOB (non gravé ; p. 146. 1). Sou d'or. Très beau, rare. *Pl. XII.*

### Anastase

793 D. N. ANASTASIVS. P. P. AVG. Son buste casqué et cuirassé de face, avec la lance et le bouclier. ℞. VICTORIA. AVGGG. Victoire à g., tenant une croix ; à l'exergue, COMOB (VIII. 25). Sou d'or. Très beau.

794 Même lég. Buste diadémé, drapé à dr. ℞. VICTORIA. AVGVSTORVA. Victoire à dr., tenant une couronne et une palme (manque à S.). Triens. Or. TB.

795 — Variété avec IOTORIA· AVGVSTORVΔ· Triens. Or. frappé par les Wisigoths. TB.

### Anastase et Gondebaud

796 D. N. ANASTASIVS. PR. AVG. Buste diadémé et drapé à dr. ℟. IVCTORIA. VI. COVRM. Victoire à dr. ; devant, le monogr. de Gondebaud ; à l'exergue, CONOB. Triens. Or. TB. *Pl. XII.*

### Justin I

797 D. N. IVSTINVS. P. P. AVG. Son buste diadémé, drapé à dr. ℟. VICTORIA. AVGVSTORVM. Victoire de face, tenant une couronne et le globe crucigère ; à l'exergue, CONOB (IX. 22). Triens. Or, troué.

798 D. N. IVSTINVS. P. P. AVGG. Buste diadémé à dr., une croix sur la poitrine. ℟. VICTORIA. AVGVSTORV. Victoire à dr., tenant une couronne et une palme ; à l'exergue, CONOB (Manque). Triens. Or, frappé par les Wisigoths. TB. *Pl. XII.*

799 — Autre avec AVG. et VICTORIA. AVGVSTORVA. Triens. Or, frappé par les Wisigoths. Très beau. *Pl. XII.*

### Justinien I

800 D. N. IVSTINIANVS. P. P. AVG. Son buste casqué et cuirassé de face, tenant un globe crucigère et un bouclier. ℟. VICTORIA. AVGGGIB. Victoire de face, tenant une croix et un globe crucigère ; à l'exergue, CONOB (XII. 3 var.). Sou d'or. TB.

801 ON. IVSTINIANVS. APIIC. Son buste diadémé à dr., la croix sur la poitrine. ℟. VICTORIA. AVGTIII. Victoire marchant à dr. ; à l'exergue, CNOI (Manque). Triens. Or, frappé par les Wisigoths, du temps de Léovigilde. TB. Rare. *Pl. XII.*

### Héraclius I

802 D. N. ERACLIVS. P. P. AVT. Son buste diadémé, drapé à dr. ℟. VICTORIA. AVGVTI. Croix sur un degré, entre A et ω ; à l'exergue, CONOB (Manque). Triens. Or. TB. *Pl. XII.*

803 D. N. HERACLI. PERP. AVG. Même buste. ℟. VICTORI. HERACLI. AVG. Croix ; à l'exergue, CONOB (Manque). Triens. Or. TB. Rare.

IMPRIMERIE
C. CHAUFOUR
6-8, RUE MILTON
PARIS

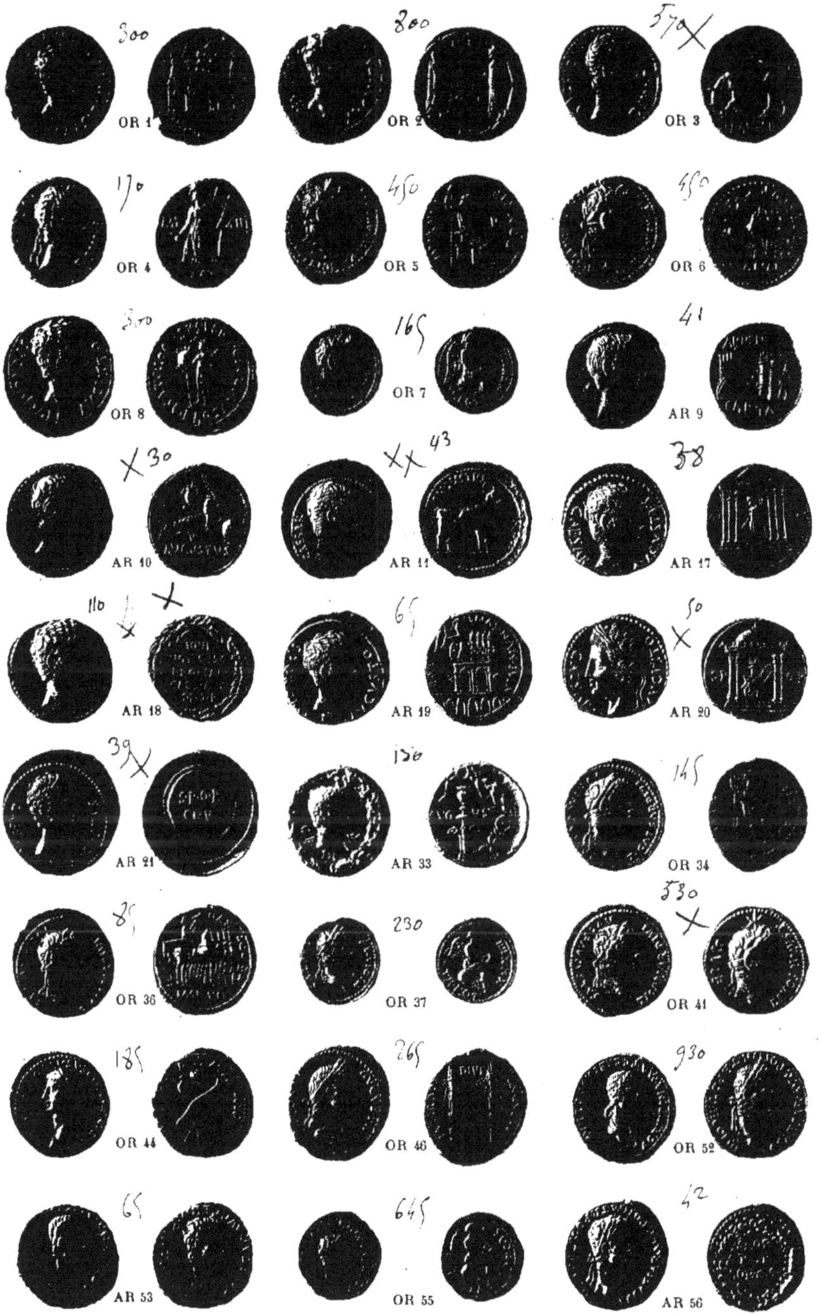

Planche I

OR 1 | OR 2 | OR 3

OR 4 | OR 5 | OR 6

OR 8 | OR 7 | AR 9

AR 10 | AR 11 | AR 17

AR 18 | AR 19 | AR 20

AR 21 | AR 33 | OR 34

OR 36 | OR 37 | OR 41

OR 44 | OR 46 | OR 52

AR 53 | OR 55 | AR 56

Étienne BOURGEY, expert, 7, rue Drouot, Paris.



Établiss. ÉDIA, Paris-Versailles

Planche II

Étienne BOURGEY, expert, 7, rue Drouot, Paris.

Établiss. ÉDIA, Paris-Versailles

Planche III

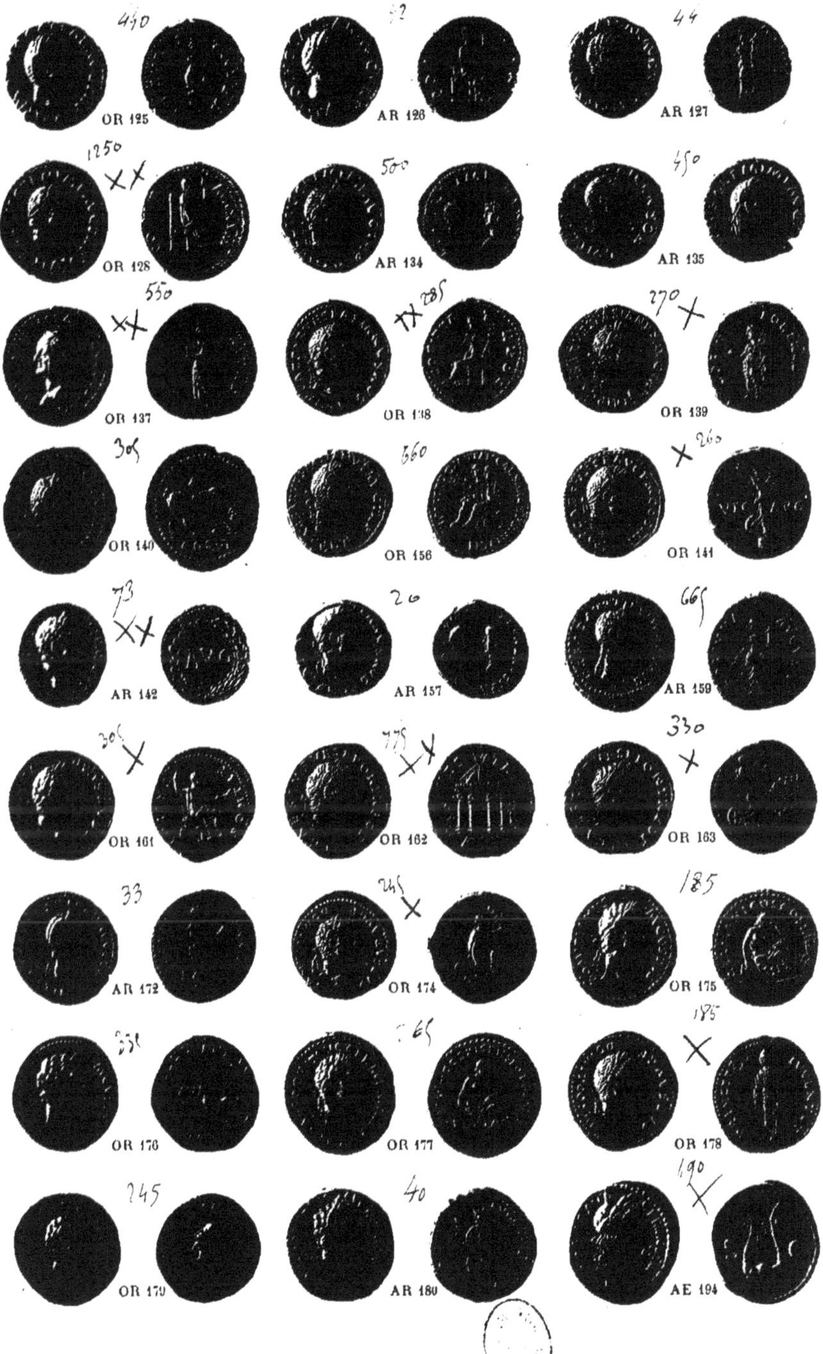


Étienne BOURGEY, expert, 7, rue Drouot, Paris. Établiss. ÉDIA, Paris-Versailles

Planche IV

AE 195
OR 199
AR 200
OR 201
AR 202
AR 203
AR 168
AR 182
AR 184
AR 207
OR 208
OR 209
AR 219
OR 220
AR 221
OR 222
OR 224
OR 223
OR 225
OR 226
OR 227
OR 228
OR 229
OR 230
OR 231
OR 232
OR 233
OR 255

Étienne BOURGEY, expert, 7, rue Drouot, Paris.

Établiss. ÉDIA, Paris-Versailles

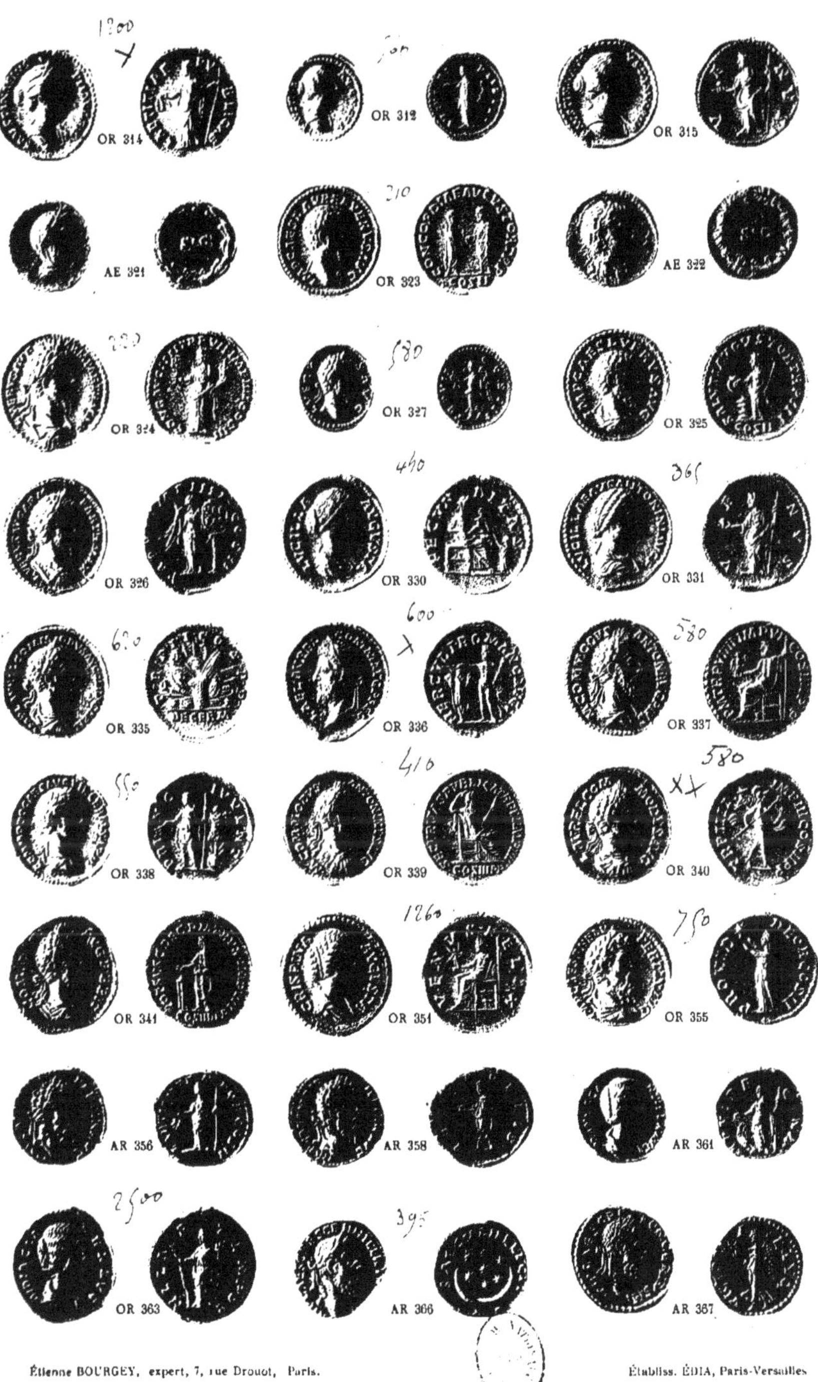


Étienne BOURGEY, expert, 7, rue Drouot, Paris.

Établiss. ÉDIA, Paris-Versailles

Planche VII

Étienne BOURGEY, expert, 7, rue Drouot, Paris.

Établiss. ÉDIA, Paris-Versailles

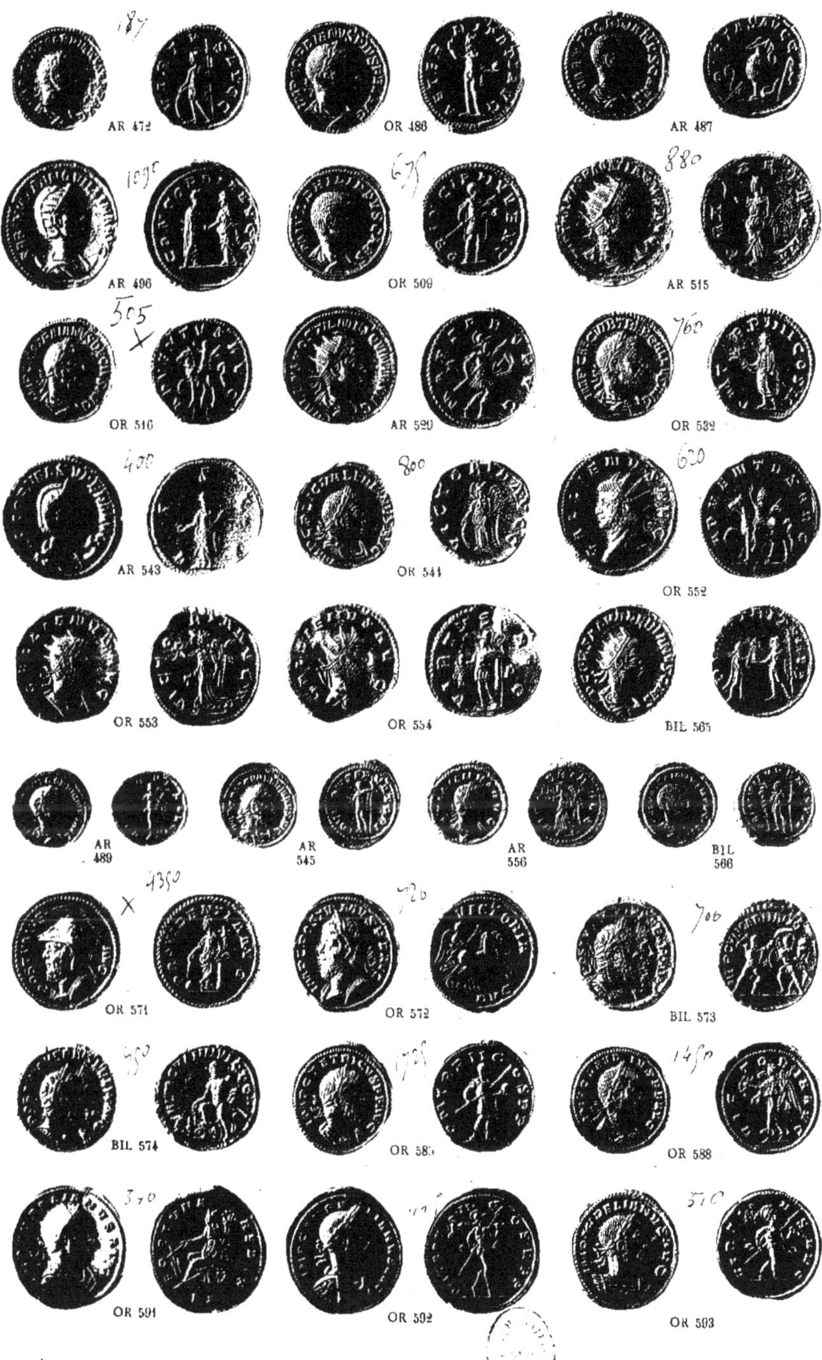
AR 472 — OR 486 — AR 487
AR 496 — OR 509 — AR 515
OR 516 — AR 529 — OR 532
AR 543 — OR 544 — OR 552
OR 553 — OR 554 — BIL 565
AR 489 — AR 545 — AR 556 — BIL 566
OR 571 — OR 572 — BIL 573
BIL 574 — OR 585 — OR 588
OR 591 — OR 592 — OR 593

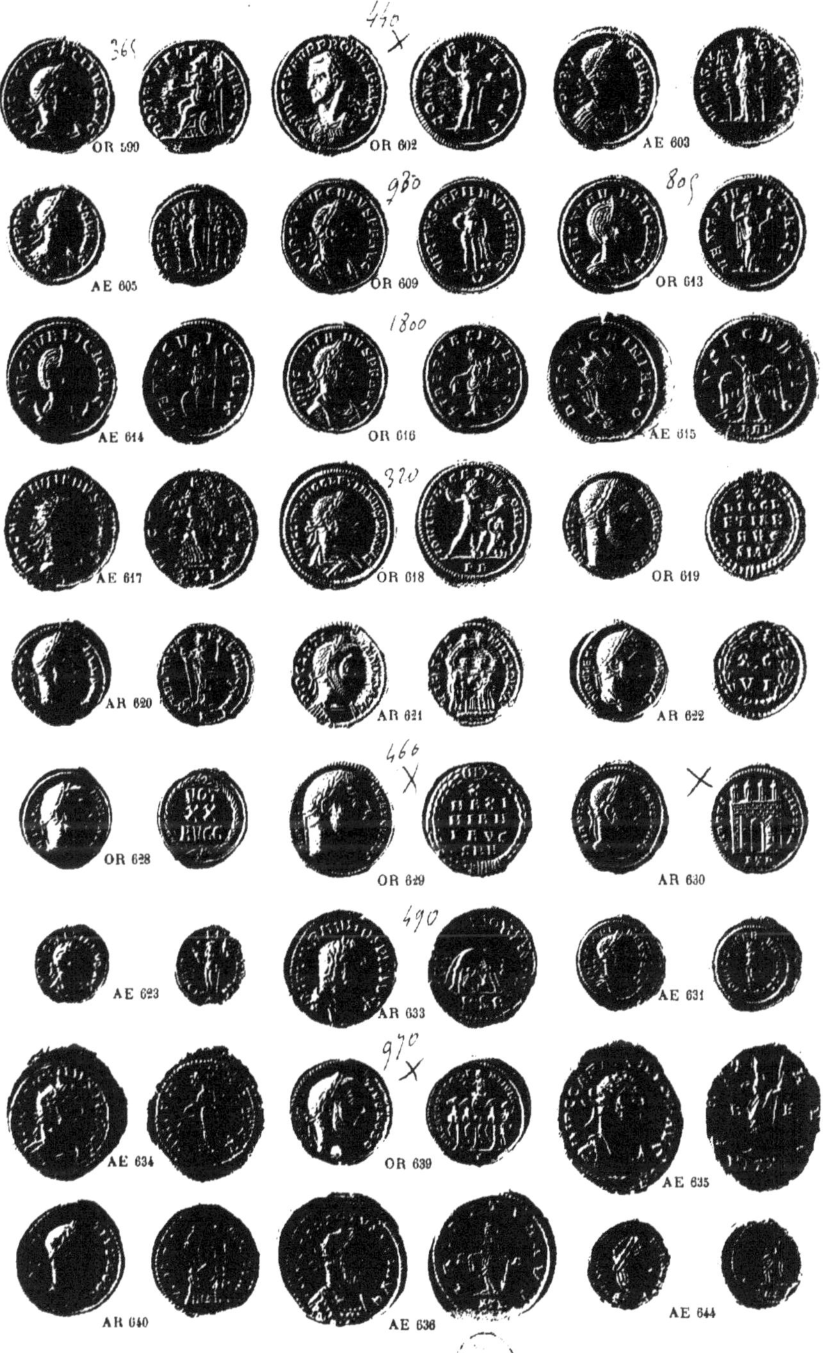


Étienne BOURGEY, expert, 7, rue Drouot, Paris.

Établiss^t. ÉDIA, Paris-Versailles

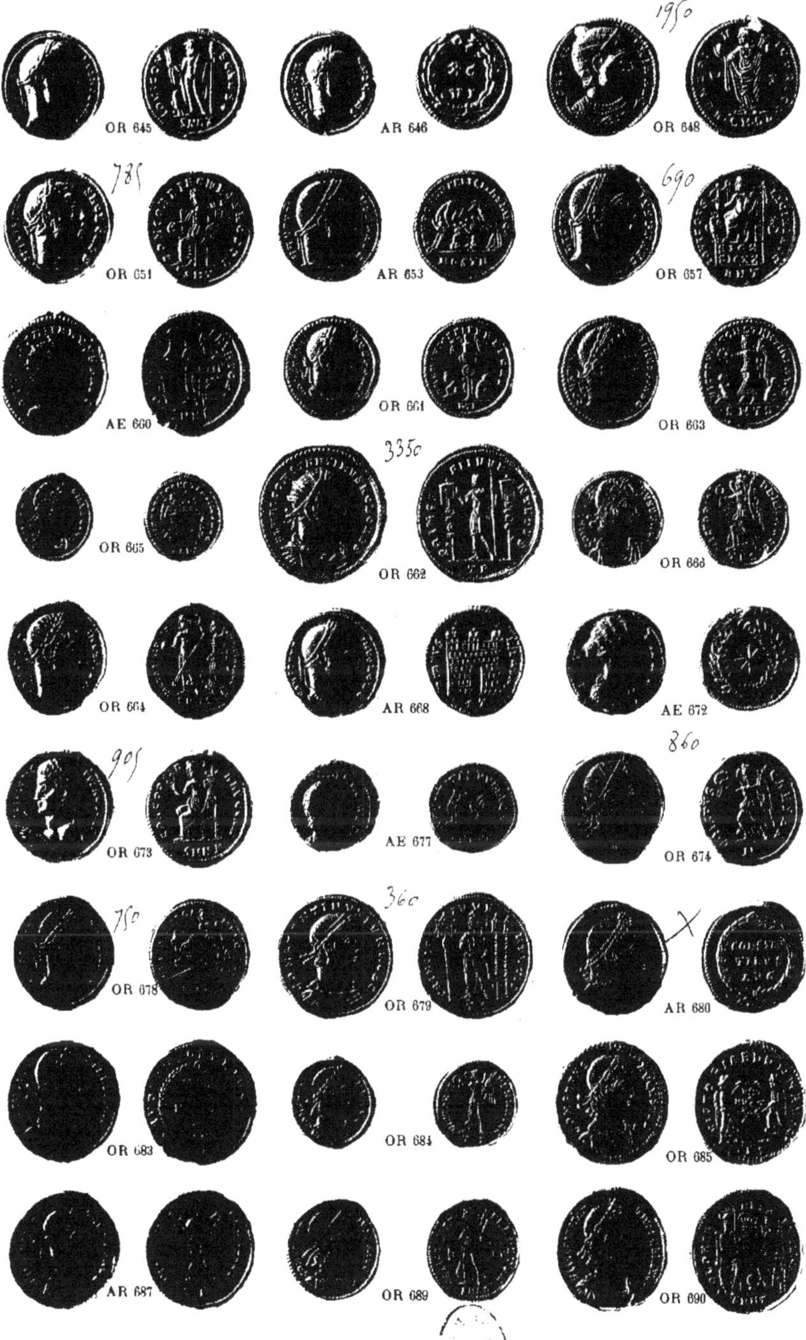
OR 645
AR 646
OR 648
OR 651
AR 653
OR 657
AE 660
OR 661
OR 663
OR 665
OR 662
OR 666
OR 664
AR 668
AE 672
OR 673
AE 677
OR 674
OR 678
OR 679
AR 680
OR 683
OR 684
OR 685
AR 687
OR 689
OR 690

Planche XI

OR 691
AR 692
AR 694
OR 698
OR 700
AR 701
OR 703
AR 705
OR 708
OR 713
OR 707
AR 714
OR 715
OR 716
OR 718
AR 726
OR 717
OR 727
OR 731
OR 735
OR 736
AR 743
OR 741
AR 744
OR 745
AR 747
OR 752

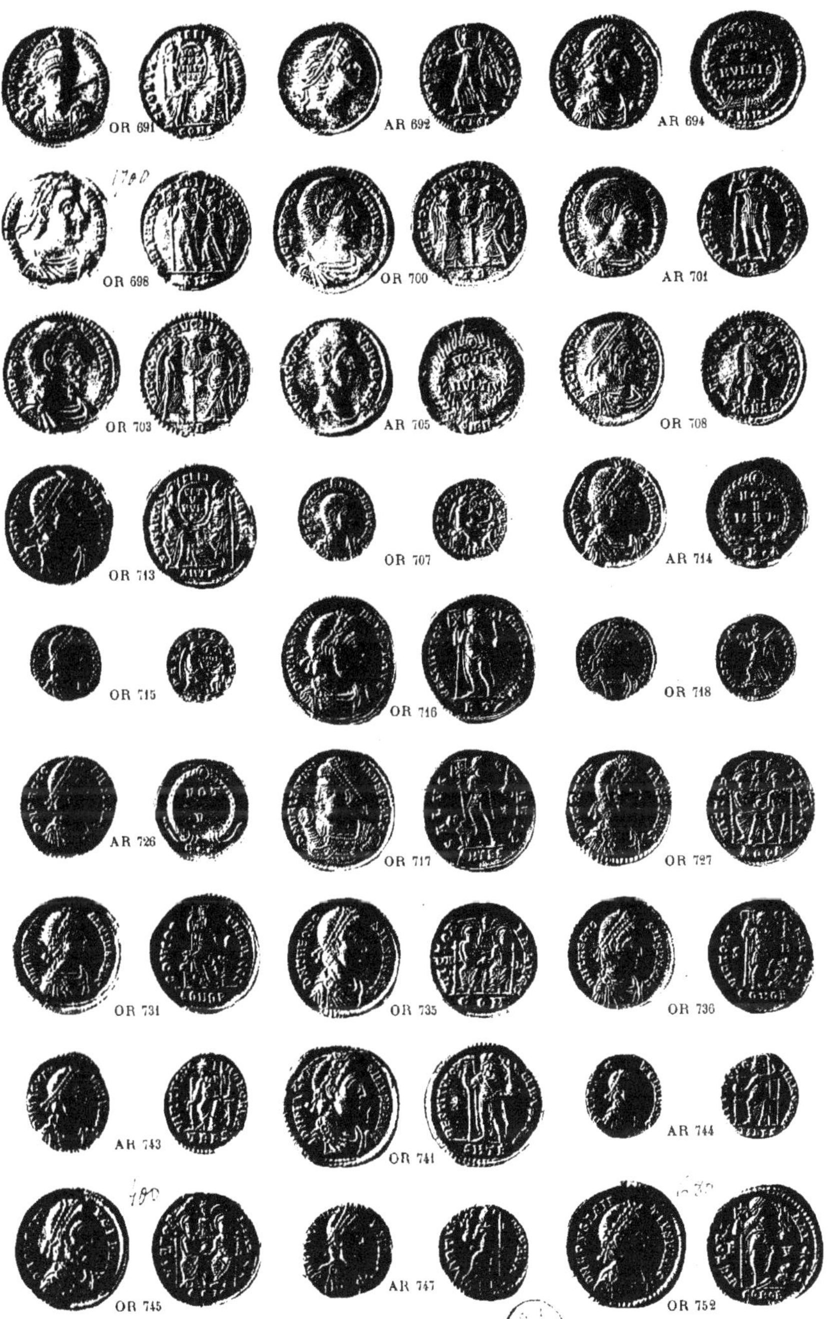

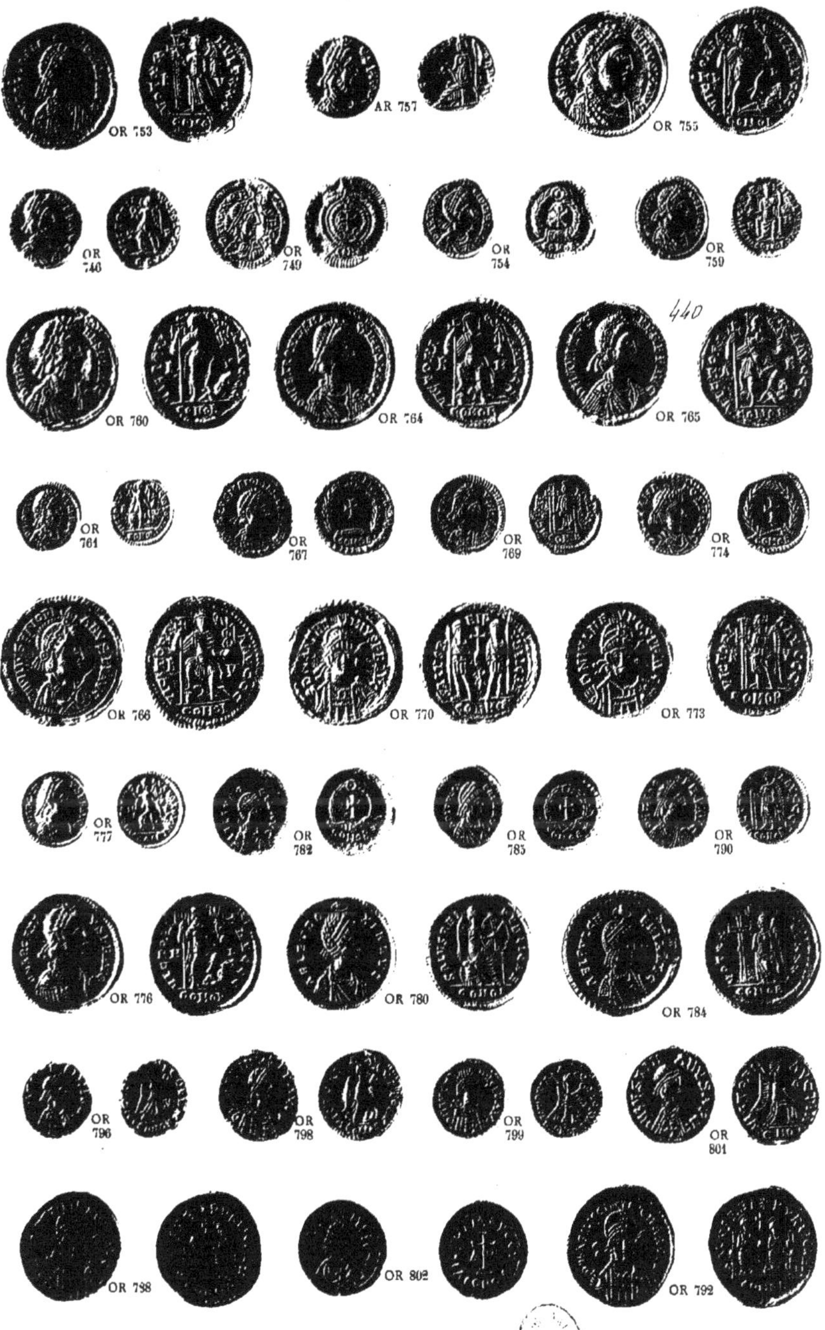
OR 753
AR 757
OR 755
OR 748
OR 749
OR 754
OR 759
440
OR 760
OR 764
OR 765
OR 761
OR 767
OR 769
OR 774
OR 766
OR 770
OR 773
OR 777
OR 782
OR 783
OR 790
OR 776
OR 780
OR 784
OR 796
OR 798
OR 799
OR 801
OR 788
OR 802
OR 792

Planche XIII

AE 25 — AE 40
AE 42 — AE 45
AE 51 — AE 57
AE 69 — AE 70
AE 72 — AE 87

Étienne BOURGEY, expert, 7, rue Drouot, Paris. — Établiss. ÉDIA, Paris-Versailles

Planche XIV

AE 136 AE 148

AE 151 AE 152

AE 154 AE 155

AE 190 AE 192

AE 193 AE 217

Étienne BOURGEY, expert, 7, rue Drouot, Paris.

Établiss. ÉDIA, Paris-Versailles

Planche XVI

Étienne BOURGEY, expert, 7 rue Drouot, Paris.

Établiss. ÉDIA, Paris-Versailles

Étienne BOURGEY, expert, 7, rue Drouot, Paris.

Établiss. ÉDIA, Paris-Versailles

Planche XVIII

AE 349 AE 350

AE 357 AE 360

AE 362 AE 365

AE 370 AE 382

AE 390 AE 399

Étienne BOURGEY, expert, 7, rue Drouot, Paris. Établiss. ÉDIA, Paris-Versailles

Planche XIX

AE 403 AE 410

AE 413 AE 415

AE 428 AE 429

AE 434 AE 439

AE 441 AE 448

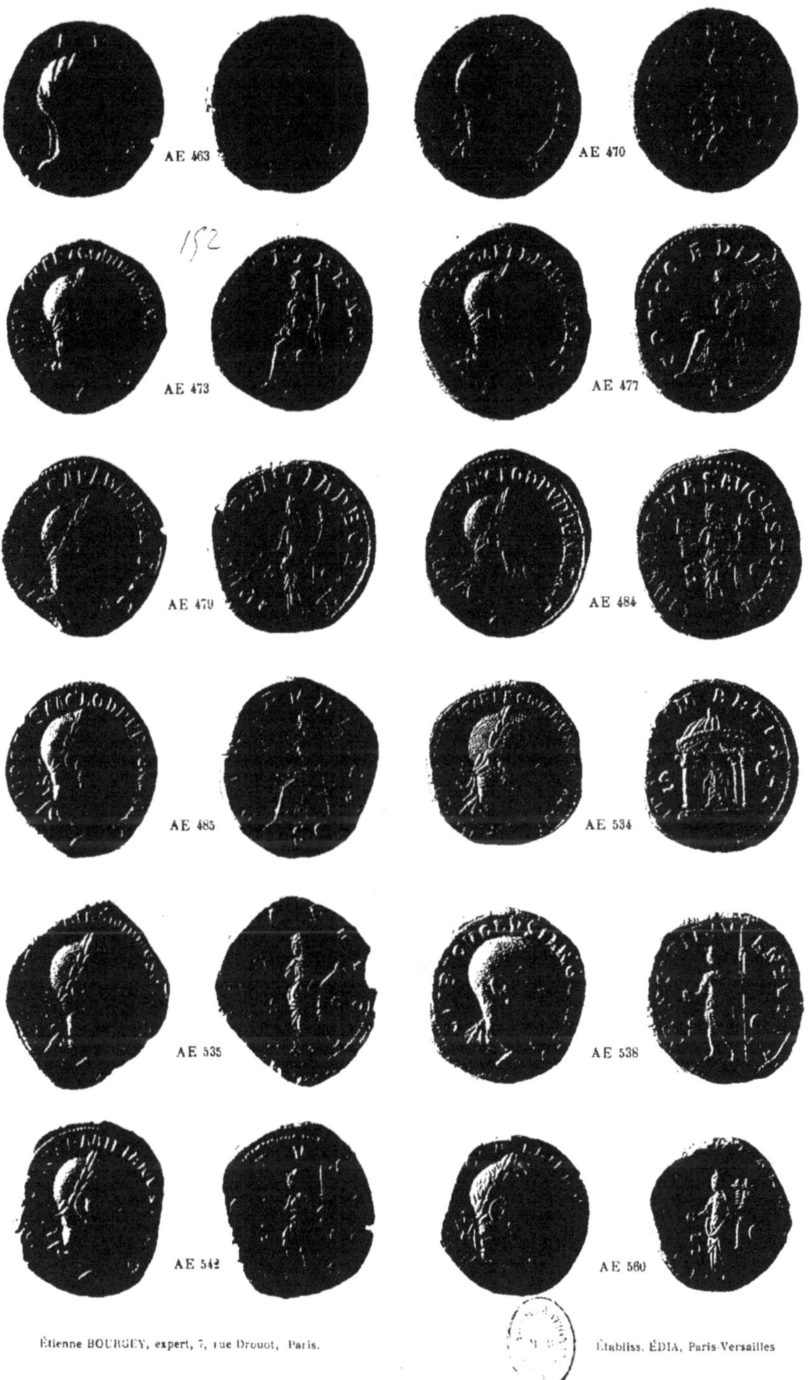


Étienne BOURGEY, expert, 7, rue Drouot, Paris.

Établiss. ÉDIA, Paris-Versailles

AE 23 AE 27 AE 28 AE 29

AE 31 AE 38 AE 43 AE 47

AE 96 AE 103 AE 247 AE 248

AE 353 AE 389

AE 359 AE 442 AE 443 AE 480 AE 541

AE 426 AE 483 AE 505 AE 638

AE 654 AE 655 AE 656 AE 697

AE 721 AE 725

Étienne BOURGEY, expert, 7, rue Drouot, Paris

Établiss. ÉDIA, Paris-Versailles

AR 12 AR 13

AR 66 AR 181 AR 204 AR 667 AR 681

AR 686 AR 693 AR 709 AR 710 AR 719

AR 728 AR 733 AR 738 AR 742 AR 778

Etienne BOURGEY, expert, 7, rue Drouot, Paris

Établiss. ÉDIA, Paris-Versailles

www.ingramcontent.com/pod-product-compliance
Ingram Content Group UK Ltd.
Pitfield, Milton Keynes, MK11 3LW, UK
UKHW020920180726
13838UKWH00002B/668

9 782329 314679